Learn Romanian with Beginner Stories

HypLern Interlinear Project
www.hyplern.com

First edition: 2020, January

Author: Grimm, Kees van den End
Translation: Kees van den End
Foreword: Camilo Andrés Bonilla Carvajal PhD

© 2020 Bermuda Word. All rights reserved.
ISBN: 978-1-989643-14-3

kees@hyplern.com
www.hyplern.com

Beginner Stories

Learn Romanian with Beginner Stories

Interlinear Romanian to English

Author
Grimm, Kees van den End

Translation
Kees van den End

HypLern Interlinear Project
www.hyplern.com

The HypLern Method

Learning a foreign language should not mean leafing through page after page in a bilingual dictionary until one's fingertips begin to hurt. Quite the contrary, through everyday language use, friendly reading, and direct exposure to the language we can get well on our way towards mastery of the vocabulary and grammar needed to read native texts. In this manner, learners can be successful in the foreign language without too much study of grammar paradigms or rules. Indeed, Seneca expresses in his sixth epistle that "Longum iter est per praecepta, breve et efficax per exempla[1]."

The HypLern series constitutes an effort to provide a highly effective tool for experiential foreign language learning. Those who are genuinely interested in utilizing original literary works to learn a foreign language do not have to use conventional graded texts or adapted versions for novice readers. The former only distort the actual essence of literary works, while the latter are highly reduced in vocabulary and relevant content. This collection aims to bring the lively experience of reading stories as directly told by their very authors to foreign language learners.

Most excited adult language learners will at some point seek their teachers' guidance on the process of learning to read in the foreign language rather than seeking out external opinions. However, both teachers and learners lack a general reading technique or strategy. Oftentimes, students undertake the reading task equipped with nothing more than a bilingual dictionary, a grammar book, and lots of courage. These efforts often end in frustration as the student builds mis-constructed nonsensical sentences after many hours spent on an aimless translation drill.

Consequently, we have decided to develop this series of interlinear translations intended to afford a comprehensive edition of unabridged texts. These texts are presented as they were originally written with no changes in word choice or order. As a result, we have a translated piece conveying the true meaning under every word from the original work. Our readers receive then two books in just one volume: the original version and its translation.

The reading task is no longer a laborious exercise of patiently decoding unclear and seemingly complex paragraphs. What's more, reading becomes an enjoyable and meaningful process of cultural, philosophical and linguistic learning. Independent learners can then acquire expressions and vocabulary while understanding pragmatic and socio-cultural dimensions of the target language by reading in it rather than reading about it.

Our proposal, however, does not claim to be a novelty. Interlinear translation is as old as the Spanish tongue, e.g. "glosses of [Saint] Emilianus", interlinear bibles in Old German, and of course James Hamilton's work in the 1800s. About the latter, we remind the readers, that as a revolutionary freethinker he promoted the publication of Greco-Roman classic works and further pieces in diverse languages. His effort, such as ours, sought to lighten the exhausting task of looking words up in large glossaries as an educational practice: "if there is any thing which fills reflecting men with melancholy and regret, it is the waste of mortal time, parental money, and puerile happiness, in the present method of pursuing Latin and Greek[2]".

Additionally, another influential figure in the same line of thought as Hamilton was John Locke. Locke was also the philosopher and translator of the Fabulae AEsopi in an interlinear plan. In 1600, he was already suggesting that interlinear texts, everyday communication, and use of the target language could be the most appropriate ways to achieve language learning:

> ...the true and genuine Way, and that which I would propose, not only as the easiest and best, wherein a Child might, without pains or Chiding, get a Language which others are wont to be whipt for at School six or seven Years together...[3]

---

1 "The journey is long through precepts, but brief and effective through examples". Seneca, Lucius Annaeus. (1961) Ad Lucilium Epistulae Morales, vol. I. London: W. Heinemann.

2 In: Hamilton, James (1829?) History, principles, practice and results of the Hamiltonian system, with answers to the Edinburgh and Westminster reviews; A lecture delivered at Liverpool; and instructions for the use of the books published on the system. Londres: W. Aylott and Co., 8, Pater Noster Row. p. 29.

3 In: Locke, John. (1693) Some thoughts concerning education. Londres: A. and J. Churchill. pp. 196-7.

Who can benefit from this edition?

We identify three kinds of readers, namely, those who take this work as a search tool, those who want to learn a language by reading authentic materials, and those attempting to read writers in their original language. The HypLern collection constitutes a very effective instrument for all of them.

1. For the first target audience, this edition represents a search tool to connect their mother tongue with that of the writer's. Therefore, they have the opportunity to read over an original literary work in an enriching and certain manner.
2. For the second group, reading every word or idiomatic expression in its actual context of use will yield a strong association between the form, the collocation, and the context. This will have a direct impact on long term learning of passive vocabulary, gradually building genuine reading ability in the original language. This book is an ideal companion not only to independent learners but also to those who take lessons with a teacher. At the same time, the continuous feeling of achievement produced during the process of reading original authors both stimulates and empowers the learner to study[1].
3. Finally, the third kind of reader will notice the same benefits as the previous ones. The proximity of a word and its translation in our interlinear texts is a step further from other collections, such as the Loeb Classical Library. Although their works might be considered the most famous in this genre, the presentation of texts on opposite pages hinders the immediate link between words and their semantic equivalence in our native tongue (or one we have a strong mastery of).

---

[1] Some further ways of using the present work include:

1. As you progress through the stories, focus less on the lower line (the English translation). Instead, try to read through the upper line, staying in the foreign language as long as possible.
2. Even if you find glosses or explanatory footnotes about the mechanics of the language, you should make your own hypotheses on word formation and syntactical functions in a sentence. Feel confident about inferring your own language rules and test them progressively. You can also take notes concerning those idiomatic expressions or special language usage that calls your attention for later study.
3. As soon as you finish each text, check the reading in the original version (with no interlinear or parallel translation). This will fulfil the main goal of this collection: bridging the gap between readers and original literary works, training them to read directly and independently.

Why interlinear?

Conventionally speaking, tiresome reading in tricky and exhausting circumstances has been the common definition of learning by texts. This collection offers a friendly reading format where the language is not a stumbling block anymore. Contrastively, our collection presents a language as a vehicle through which readers can attain and understand their authors' written ideas.

While learning to read, most people are urged to use the dictionary and distinguish words from multiple entries. We help readers skip this step by providing the proper translation based on the surrounding context. In so doing, readers have the chance to invest energy and time in understanding the text and learning vocabulary; they read quickly and easily like a skilled horseman cantering through a book.

Thereby we stress the fact that our proposal is not new at all. Others have tried the same before, coming up with evident and substantial outcomes. Certainly, we are not pioneers in designing interlinear texts. Nonetheless, we are nowadays the only, and doubtless, the best, in providing you with interlinear foreign language texts.

Handling instructions

Using this book is very easy. Each text should be read at least three times in order to explore the whole potential of the method. The first phase is devoted to comparing words in the foreign language to those in the mother tongue. This is to say, the upper line is contrasted to the lower line as the following example shows:

Seara,	se	pregătea	să	o	ia	spre	casa,	dar	ca
In the evening	himself	(he) readied	to	it	take	to	the house	but	as
					go				

orice	proprietar	de	teren,	mai	arunca	o	privire,	să	vadă
any	owner	of	ground	more	threw	a	look	to	see
	land owner			he threw another look					

dacă	totul	e	în	regula.	Cum	se	uita	el	pe	camp,
if	all	is	in	rule	As	himself	looked	he	on	(the) field
				order		he looked				

vede	la	un	moment	ceva	scânteietor	pe	aratura.
(he) sees	at	a	moment	something	glittering	on	the ploughed land

The second phase of reading focuses on capturing the meaning and sense of the original text. As readers gain practice with the method, they should be able to focus on the target language without getting distracted by the translation. New users of the method, however, may find it helpful to cover the translated lines with a piece of paper as illustrated in the image below. Subsequently, they try to understand the meaning of every word, phrase, and entire sentences in the target language itself, drawing on the translation only when necessary. In this phase, the reader should resist the temptation to look at the translation for every word. In doing so, they will find that they are able to understand a good portion of the text by reading directly in the target language, without the crutch of the translation. This is the skill we are looking to train: the ability to read and understand native materials and enjoy them as native speakers do, that being, directly in the original language.

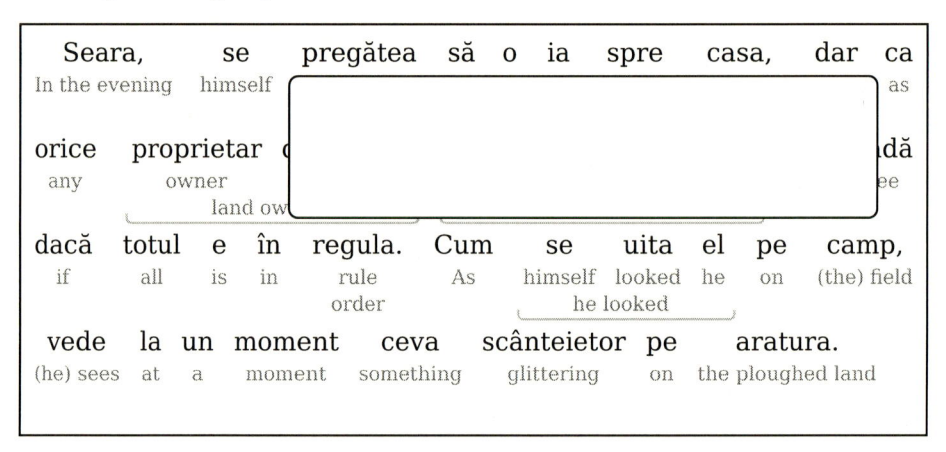

Seara,	se	pregătea	să	o	ia	spre	casa,	dar	ca
In the evening	himself								as

orice	proprietar								dă
any	owner								ee
		land ow							

dacă	totul	e	în	regula.	Cum	se	uita	el	pe	camp,
if	all	is	in	rule order	As	himself	looked	he	on	(the) field
							he looked			

vede	la	un	moment	ceva	scânteietor	pe	aratura.
(he) sees	at	a	moment	something	glittering	on	the ploughed land

In the final phase, readers will be able to understand the meaning of the text when reading it without additional help. There may be some less common words and phrases which have not cemented themselves yet in the reader's brain, but the majority of the story should not pose any problems. If desired, the reader can use an SRS or some other memorization method to learning these straggling words.

Seara, se pregătea să o ia spre casa, dar ca orice proprietar de teren, mai arunca o privire, să vadă dacă totul e în regula. Cum se uita el pe camp, vede la un moment ceva scânteietor pe aratura.

Above all, readers will not have to look every word up in a dictionary to read a text in the foreign language. This otherwise wasted time will be spent concentrating on their principal interest. These new readers will tackle authentic texts while learning their vocabulary and expressions to use in further communicative (written or oral) situations. This book is just one work from an overall series with the same purpose. It really helps those who are afraid of having "poor vocabulary" to feel confident about reading directly in the language. To all of them and to all of you, welcome to the amazing experience of living a foreign language!

Additional tools and links

Find more interlinear books in this language or other languages on amazon.com!

Check out shop.hyplern.com or contact us at info@hyplern.com for free mp3s (if available) and free empty (untranslated) versions of the eBooks that we have on offer. If you bought the Kindle version of this book and it does not work on your reader, you can also ask us for a free pdf version that you can open on your Reader device.

For some of the older eBooks and paperbacks we have Windows, iOS and Android apps available that, next to the interlinear format, allow for a pop-up format, where hovering over a word or clicking on it gives you its meaning. The apps also have any mp3s, if available, and integrated vocabulary practice.

Visit the site hyplern.com for the same functionality online. This is where we will be working non-stop to make all our material available in multiple formats, including audio where available, and vocabulary practice.

And as a last request, please leave a review on amazon.com! It's the best support you can give us :)

Table of Contents

Ţăranul şi Diavolul	1
Lupul şi cei şapte iezi	7
Muzicanţii din Bremen	20
Frumoasa adormită	34
Hansel şi Gretel	49

Țăranul și Diavolul

Țăranul	și	Diavolul
The peasant	and	the Devil

Trăia	odată	un	țăran	foarte	viclean.	Aș	putea	să
Lived	once	a	peasant	very	sly	(I) would	be able	to
There lived								

vă	povestesc	multe	dintre	poznele	sale,	dar	acum	vă	voi
go	tell	much	from	the antics	of his	but	now	(I) go	you

povesti	cea	mai	trăsnita	dintre	ele:	cum	și-a	bătut
tell	the	more	crazy	from	them	how	also (he) has	beaten

joc	de	diavol.	Iată	povestea:	într-o	zi,	țăranul
(the) game	of	(the) devil	There is	the story	in a	day	the peasant
					on a		

lucra	pe	camp.
worked	on	(the) field

Seara,	se	pregătea	să	o	ia	spre	casa,	dar	ca
In the evening	himself	(he) readied	to	it	take	to	the house	but	as
				go					

orice	proprietar	de	teren,	mai	arunca	o	privire,	să	vadă
any	owner	of	ground	more	threw	a	look	to	see
	land owner			he threw another look					

dacă	totul	e	în	regula.	Cum	se	uita	el	pe	camp,
if	all	is	in	rule	As	himself	looked	he	on	(the) field
				order	he looked					

vede	la	un	moment	ceva	scânteietor	pe	aratura.
(he) sees	at	a	moment	something	glittering	on	the ploughed land

Tare	se	mira	țăranul,	ca,	înainte	cu	cateva	minute,
Heavy	itself	surprised	the peasant	as	before	with	some	minutes
Great					a couple of minutes before			

nu	era	nimic	acolo.	O	lua	într-acolo,	să	vadă	ce-i
not	was	nothing	there	He	took	into-there	to	see	what this
	there was nothing there				went there				

1

acolo.	Cand	ajunse	la	mijlocul	arăturii,	ce
there	When	(he) reached	at	the middle	of the ploughed lands	what

vede:	o	grămăjoară	de	cărbuni	care	ard,	iar	în	vârful
sees (he)	a	heap	of	coals	which	burns	and	in / on	the top / top

grămezii,	un	dracusor	stătea	pitit.
of the heap	a	little devil	sat	skulking

-	Ce	faci	aici,	ascundeți	vreo	comoară?	-	zise
-	What	(do you) do	here	hide	some	treasure	-	said

țăranul.
the peasant

-	Ba	chiar	așa,	clocesc	o	comoară	-	zise	diavolul	-	o
-	Indeed	clear (it's true)	so	(I) hatch	a	treasure	-	said	the devil	-	a

gramada	de	aur	și	argint	mai	mare	decât
heap	of	gold	and	silver	more (bigger)	big	than

ai	văzut	tu	vreodată!
have	seen	you	ever

you have ever seen

-	Pai	bine	-	zise	țăranul	-	comoara	e	pe	terenul	meu,
-	Well	good	-	said	the peasant	-	the treasure	is	on	the land (my land)	mine

așa	ca,	eu	sunt	proprietarul	comorii.
so (like so)	as	I	am	the owner	of the treasure

-	Fie	-	zise	diavolul	-	poți	să	ti-o	ții,	dar	cu
-	Be (it so)	-	said	the devil	-	(you) can	to	you it	keep (keep it)	but	with

o	condiție:	dacă-mi	dai	mie	jumătate	din	recolta,
a one	condition	if me	(you) give	to me	half	from	the harvest

timp	de	doi	ani.	Aur	și	argint	am	o	grămadă,
time	of (during)	two	years	Gold	and	silver	(I) have	a	heap

nu-mi trebuie, dar poftesc ceea ce rodeste pământul tău. Țăranul sta puțin pe gânduri, după care cazu de acord cu diavolul.

- Bine, fie cum spui tu, dar ca să nu ne certam, să ne înțelegem de pe acum: ce creste-n pamant, va fi jumătatea mea, iar ce creste la suprafața, va fi jumătatea ta. Diavolul îi place ideea, asa ca, accepta targul. Da, dar ce nu știa diavolul, țăranul semăna toata aratura cu sfecla.

Asa ca, atunci cand veni vremea culesului, și diavolul își facă apariția, îl întreba:

- Să-ți aduc o coasă, sau strangi cu mana ce-i al tău?
  To you bring a scythe or gather (you) with the hand what is of yours
  Did you bring

- Pentru ce coasa, pentru sfecla?
  For what the scythe for beets
  Why a scythe

- Pai nu, doar pentru frunze. Mai ții minte: ce-i sub pamant e al meu, ce-i la suprafața e al tău.
  Well no only for leaves More keep (in) mind what is under earth is of mine what is at the surface is of yours

Și continua să culeaga voios sfecla. Diavolul era tare curios.
And (he) kept going to gather merrily the beets The devil was heavy very curious

- Bine, de data asta ai scapat, dar la anul, schimbăm placa: ce-i sub pamant e al meu, iar cei la suprafața, va fi partea ta. Ai înțeles?
  Good of time this (you) have escaped but at the year change place what is under earth is of mine and that at the surface will be the part yours (You) have understood
  this time *in a year*

4

Țăranul	ridica	din	umeri,	răsuci	puțin
The peasant	picked up shrugged	from	(the) shoulders	twisted	(a) little bit

mustață,	să	nu	vadă	diavolul	ca	zambeste,	si
(his) mustache	that	not	sees	the devil	as	(he) smiles	and

răspunse:
answered

- Mie	mi-e	totuna,	fie	cum	vrei	tu.
- To me	me is	the same	be (it)	as	want	you

Diavolul	mormăi	ceva	manios	după	care	se	făcu
The devil	mumbled	something	angry	after	which	himself	made

nevăzut.	Țăranul	ara	terenul,	și	semăna	pe	toata
invisible	The peasant	plowed	the land	and	sowed	on	all

parcela	grau.	Cand	lanul	de	grau	se	ingalbeni,	merse
the parcel	wheat	When	the field	of	wheat	itself	yellowed	(he) went

pe	camp	și	secera	toata	recolta.
on	(the) field	and	scythed	all	the harvest

Cand	arunca	ultimul	snop	de	grâu	în	caruta,	apăru	și
When	(he) threw	the last	sheaf	of	wheat	in	the cart	appeared	also

diavolul:
the devil

- Hoho!	-	strigă	de	departe.	Auzi	cumetre,	unde	duci
- Hoho	-	shouted	from	far away	Listen	comrade	where	take

tu	recolta?
you	the harvest

- Pai   acasa,   in   pod   - zise   taranul.
- Well home   in (the) attic - said the peasant

- Și   mie   ce   mi-ai   lăsat?   intreba   diavolul.
- And   to me what you have dropped off asked the devil

- Tot   ce-i   sub   pământ,   așa   cum   ai   cerut   -
- All   what is under earth   so   as   (you) have asked for -

răspunse   zâmbind   țăranul.
answered   smiling   the peasant

Dar   diavolul   nu   mai   găsi   nimic,   decat   campul   secerat   de
But   the devil not more found   nothing   than   the field reaped   of
                                                                           by
țăran.   Se   înroși   de   mânie,   și   printr-o   crapatura
peasant   Himself   reddened   of   anger   and   through a   crack
the peasant
aluneca   în   adancul   pamantului,   pe   fundul   iadului.   Așa
slid   in   the depth   of the eurth   on   the depth of the hell   So

rămase   țăranul   cu   recolta   din   doi   ani,   și   cu
remained   the peasant   with   the harvest   from   two   years   and   with

comoara.
the treasure

Lupul şi cei şapte iezi

Lupul şi cei şapte iezi
The wolf and the seven kids

A fost odată o capră bătrână şi capra asta avea
It was once a goat old and the goat this had
There / an old goat

şapte iezi, pe care-i iubea aşa cum numai o mamă
seven kids on who she loved so (much) as no more a mother

îşi iubeşte copiii. Într-o zi, trebuind să plece în
herself loves the kids In a day must to leave in
/ On one / she had

pădure ca să le aducă de-ale gurii, capra strânse
(the) forest as to them provide of their the mouths the goat closed
/ for their mouths / gathered

în jurul ei pe cei şapte iezi şi le grăi astfel:
in around them on the seven kids and to them spoke like so

- Dragii mei copilasi, eu trebuie să plec în pădure. În
- Dear my little children I must to leave in forest In
/ children of mine / to the forest

lipsa mea, căutaţi de fiţi cuminţi şi, mai cu seamă,
absence mine look for of to be good and more with aware
my absence / make sure

feriţi-vă de lup. Că de-ar izbuti să intre
beware yourself of (the) wolf Because of would (he) succeed to enter
/ if would

pacostea asta de fiară în casă, pe toţi v-ar
the nuisance this of (a) beast in (the) house on all you would

înghiţi şi n-ar mai rămâne nici măcar un oscior din
swallow and not-would more remain neither even a bone from

voi! Diavolul ăsta de lup ştie să se arate adesea
you The devil this of wolf knows to himself show often
/ That devil / of a wolf

sub	chipul	unei	alte	vietăţi,	dar	pe	voi	n-o	să
under	the guise	of some	other	creatures	but	~~on~~	you	not it	will

vă	înşele,	sunt	sigură,	fiindcă	o	să-l	puteţi
yourselves	deceive	(I) am	sure	because	you	will him	be able

dibăci	de-ndată	după	glasul	cel	dogit	şi	gros	şi
to find out	~~of~~ immediately	after from	voice the voice	that	(is) hoarse	and	thick loud	and

după	labele	cele	negre.
after from	paws the paws	this	black

Iezii	luare	aminte	la	cele	spuse	de capră	şi-i
The kids	taking	heed	at	this	said	of goat by the goat	and her

răspunseră:
responded

-	Poţi	pleca	fără	grijă,	măicuţă	dragă,	c-om	şti
-	(You) can	leave	without	worry	little mother mommy	dear	because we	know

noi	să	ne	păzim	de	lup!
us	to	ourselves	guard	from	(the) wolf

Capra	behăia	mulţumire	şi	o	porni	liniştită	la	drum.
The goat	bleated	thanks	and	she	started	calm	at	(the) road

Nu	trecu	multă	vreme,	şi	numai ce	bătu	cineva	la
Not	passed	much	time	and	no more what then	rapped	someone	at

uşă,	strigând:
(the) door	shouting

8

-	Dragi	copilași,	deschideți	ușa,	că	sunt	eu,	
-	Dear	children	open	the door	because	am	I	
							it's me	

mama	voastră.	Și-am	adus	pentru	fiecare	câte
the mother	yours	And (I) have	brought	for	every	each
	your mother				everyone	

ceva	bun.
something	good

Dar	iezii	îl	recunoscură	pe	lup,	după	glasul	lui
But	the kids	him	recognized	on	(the) wolf	after	the voice	his
						from	his voice	

gros	și	dogit,	și	răspunseră:
thick	and	hoarse	and	responded

-	Nu	deschidem,	că	tu	nu	ești	mama	noastră!
-	Not	(we) open	because	you	not	are	the mother	ours
						are not	our mother	

Glasul	măicuței	e	subțire	și	blând,	pe	când	al	tău	e
The voice	of our mother	is	subtle	and	gentle	on	when	of	yours	is
							while			

gros	și	dogit.	Nu	ne	poți	înșela:	Tu	ești	lupul!
thick	and	hoarse	Not	us	(you) can	cheat	You	are	the wolf
loud									

Auzind	el	acestea,	o	întinse	spre	dugheana	unui	neguțător
Hearing	he	this	he	reached	to	booth	of a	merchant

și	cumpără	de-acolo	o	bucată	mare	de	cretă.	Făcu	hap!
and	bought	from there	a	piece	big	of	chalk	Made	chomp

o	înghiți	și	glasul	i	se	subție,	pasămite,	chiar	pe
it	swallowed	and	the voice	also	itself	thinned	apparently	right	on

loc.	Apoi	grăbi	să	se	reîntoarcă	la	căsuța
(the) spot	Then	(he) hurried	to	himself	return	at	the cottage
						to	

caprei	și,	cioc,	cioc,	bătu	din nou	la	ușă.	Și
of the goat	and	knock	knock	knocked	from new again	at	(the) door	And

c-un	glas	subțirel,	strigă;
with a	voice	thin	shouted

-	Dragi	copilași,	deschideți	ușa,	că	sunt eu,
-	Dear	children	open	the door	because	am I / I am

mama	voastră.	Și-am	adus	pentru	fiecare	câte
the mother your mother	yours	And (I) have	brought	for	every everyone	each

ceva	bun.
something	good

Iezii	era	cât pe-aci	să	deschidă,	dar	vezi	că	lupul
The kids	were	as on-place about	to	open	but	see	that	the wolf

se	dădu	repede	de	gol...	Cum	nu	mai	avea
himself	gave	quick	of	bare	As	not	(any)more	(he) had

răbdare,	se	proptise	cu	labele	de	pervazul
patience	himself	(he) propped (up)	with	the paws	of on	the sill

ferestrei,	căutând	să	privească	înăuntru.	Și	de	cum	îi
of the window	searching	to	look	inside	And	of	as	them

zăriră	labele	cele	negre,	iezii	răspunseră-n	cor:
(they) saw	the paws	this	black	the kids	responded in	choir

-	Nu	deschidem,	că	mama	noastră	nu	are	labe
-	Not	(we) open	because	the mother our mother	ours	not	has	paws

negre	ca	ale	tale.	Nu	ne	poți	înșela:	tu	ești	lupul!
black	as	of	yours	Not	us	(you) can	cheat	you	are	the wolf

10

Văzând	el	şi	de data asta	că	nu-i	poate	amăgi,
Seeing As he saw	he	also	of time this at this time	that	not him	may	deceive

pe dată	alergă	la	brutar	şi-i	spuse:
on time immediately	(he) ran	at to	baker the baker	and her	said

-	M-am	înţepat	la	piciorul	ăsta	şi	te-aş	ruga	să	mi-l
-	Me-have I got stung in	stuck-up	at	the leg this leg	this	and	you would	pray	that	me it

ungi	cu	puţină	cocă.
smear	with	some	dough

Şi	după	ce	brutarul	îi	unse	laba	cu	cocă,	lupul
And	after	that	the baker	them	anointed	the paw	with	dough	wolf

alergă	într-un	suflet	la	morar	şi-l	rugă	şi	pe	el:
ran	in a	soul breath	at to	miller the miller	and him	prayed	also	~~on~~	he

-	Ţi-aş	rămâne	îndatorat	dac-ai	presăra	niţică	făină
-	You (I) would	remain	indebted	if you	sprinkle	a little	flour

albă	peste	piciorul	asta!
white	over	the leg this leg	this

Morarul	mirosi	că	jupânul	lup	vrea	să	umble	cu
The miller	smelled suspected	that	the Mr.	wolf	wanted	to	walk	with

şoalda,	că	se	pregăteşte	să	întindă	vreo	cursa
tricks {smecherii}	that	itself	prepares	to	spread	some	trap

cuiva,	şi	se	împotrivi	cât	putu.	Dar	cumătrul
to someone	and	himself	resisted	how	(he) could	But	the compadre

lup	îşi	rânji	colţii	şi	se	răsti	la	el:
wolf	himself	grinned bared	the teeth	and	himself	snapped snapped	at	him

11

- Dacă nu-mi faci pe voie, să știi ca te sfâșii!
- If not me (you) make on will will know that yourself (I) rip

If not you do as I say

Și morarul, ca un om fricos ce era, se grăbi să-i
And the miller as a man fearful that (he) was itself hurried to him

presare laba cu făină, numai să-și scape pielea. Că
press the paw with flour no more to himself escape the skin That
spread only

vezi, așa sunt unii oameni... Blestematul de lup
(you) see so are the people The accursed of wolf

își luă picioarele la spinare și se înființă a treia
himself took the legs at back and itself presented to the third
went very fast for

oară la căsuța caprei. Bătu la ușă, cioc, cioc,
time at the cottage of the goats (He) knocked at (the) door beak beak

și strigă subțirel:
and shouted thin

shouted in a thin voice

- Dragi copilași, deschideți ușa, că sunt eu,
- Dear children open the door because am I

it's me

mama voastră! Și-am adus pentru fiecare câte
the mother yours And (I) have brought for every each
your mother everyone

ceva bun. Dar iezii se grăbiră să-i răspundă:
something good But the kids itself rushed to him answer

- Arată-ne mai întâi laba ca să vedem de ești
- Show us more first the paw as to see of you
first if

într-adevăr măicuța noastră și apoi ți-om deschide.
in-truth the little mother our and then for you we open
our mommy

Hoţomanul	de	lup	ridică	laba	până	la	fereastră	şi
The rascal	of	(a) wolf	raised up	the paw	until	at	(the) window	and

când	văzură	iezii	că-i	albă,	nu	se	mai	îndoi
when	saw	the kids	that them	white	not	themselves	more	restrained

nici unul	şi,	tranc,	traseră	ivărul	de	la	uşă.	Şi
neither the one not one	and	bang	drew	the bolt	from	at	(the) door	And

ce	să	vezi,	în	prag	îşi	rânjea	colţii	lupul!
what	to	see	in	(the) threshold	himself	grinning	the teeth	(was) the wolf

Iezii	încremeniră	de	spaimă	şi	dădură	să	se
The kids	froze	of	fear	and	gave	to	themselves

ascundă	care	încotro.	Unul	sări,	ţuşti,	sub	masă,	al
hide	which	where	One	jumped	you know	under the	table	of the

doilea	se	tupilă	în	pat,	al	treilea	se	vârî	în
second	itself	hid	in	bed	of the	third	itself	thrust	in

vatră,	al patrulea	se	furişă	în	bucătărie,	al	cincilea
(the) fireplace	of the fourth	itself	sneaked	in	the kitchen	of the	fifth

intră	în	dulap,	al	şaselea	se	piti	sub	lighean
entered	in	(the) wardrobe	of the	sixth	itself	cowered	under the	basin

şi	al	şaptelea	se	adăposti	tocmai	în	cutia	pendulei.
and	of the	seventh	itself	sheltered	just	in	the box	of the pendulum casing of the clock

Lupul	îi	dibăci	însă	care	pe	unde	se	ascunsese	şi
The wolf	them	found	however	which	on	where wherever it	itself	hid	and

cum	n-avea	vreme	de	pierdut,	îi	înşfacă	pe	rând.	Şi
how	not have	time	of	lost	them	snatched	on	turn	And

aşa	se	făcu	de	apucară	cu	toţii	drumul	gâtlejului...
so	itself	did	of	grabbed	with	all	the way	of the throat

Numai	pe	iedul	cel	mic,	care	se	ascunsese	în
No more ~~on~~ Only		the kid	that	little	which	itself	hid	in

cutia	pendulei,	nu	fu	chip	să-l	găsească.	După
the box the casing of the clock	of the pendulum	not	was	likeness anything	to him	to find of him	After

ce-şi	umflă	burdihanul,	lupul	ieşi	alene	din
that-himself	swelled up	the belly	the wolf	went out	slowly	from

casă,	se	întinse	pe	covorul	de	iarbă	verde,	la
(the) house	himself	extended	on	the carpet	of	grass	green	at in

umbra	unui	copac,	şi	adormi	buştean.
the shadow	of a	tree	and	slept	like a log

Trecu	ce	trecu,	dar	nu	prea	mult,	şi	mama	capră
Passed	what	passed	but	not	very	much	and	the mother	goat

se	întoarse	din	pădure.	Şi	mai-mai	să-şi	iasă	din
herself	returned	from	(the) forest	And	more more almost	to herself	get out	from

minţi	de	ce-i	văzură	ochii...	Uşa	se	hăţâna	dată	în
lying	of	what this	saw	the eyes	The door	itself	swing	time	in

lături	şi	toată	casa	era	vraişte.	Scaunele,	băncile,
swill	and	all	the house	was	a mess	The chairs	benches

masa	zăceau	răsturnate;	pernele	şi	plapuma	fuseseră
the table	lay	overturned	the pillows	and	the quilt	had been

smulse	de	pe	pat,	iar	din	lighean
yanked off	from	on	bed off the bed	and	from	basin the wash bowl

nu	mai	aveai	ce	alege.	Cât	despre	iezi,	nici	urmă.
not	more	had there was nothing left	what	choose	How	about And for	kids the kids	neither	follow a trace

Strigă	capra	pe	fiecare,	pe	nume,	dar	nimeni	nu
Shouted	the goat	on for	each	on by	name	but	no one	not

14

răspunse.	Când	dădu	să-l	strige	și	pe	prâslea,
answered	When	gave	to him	shout	and	on	the youngest

desluși	de	undeva	un	glas	înăbușit:
(she) discerned	from	somewhere	a	voice	muffled

- Măicuță	dragă,	eu	sunt	aici,	în	cutia	pendulei!
- Little mother	dear	I	am	here	in	the box	of the pendulum
						the casing of the clock	

Capra	îl	scoase	de	acolo	pe	iedul	cel	mic	și	el
The goat	him	removed	from	there	~~on~~	the kid	that	little	and	he

prinse	a-i	povesti	cum	i-a	înșelat	lupul	și	cum
caught started	from it	to tell	how	them has	deceived	the wolf	and	how

i-a	înșfăcat	apoi	pe	cei	șase	frățiori	mai	mari	și
he has	grabbed	then	~~on~~	the	six	brothers	more	big	and

le-a	dat	drumul	pe	gâtlej...	Acu'	nu	mai	trebuie	să
them has	given	the road	on to	throat the throat	Now	not	more	must	to

vă	spun	eu	cât	i-a	plâns	biata	capră,	că
yourselves	say	I	how	she has	wept	the poor	goat	that

vă	închipuiți	singuri!
yourselves	(can) imagine	alone

Ca	să-și	mai	ogoiască	durerea,	capra	ieși	din
As	to herself	more	calm down	the pain	the goat	went out	from

casă	și	iedul	cel	mic,	ca	umbra,	după	ea.	Și
(the) house	and	the kid	that	little	as	the shadow	after	her	And

ducându-se	ei	spre	grădină,	îl	zăriră	pe	lup
going down themselves	they	to	(the) garden	him	(they) saw	~~on~~	(the) wolf

sub	un	copac,	dormind	și	sforăind	de	tremurau
under	a	tree	sleeping	and	snoring	of	shaking / as to shake

crengile.
the branches

Capra	căta	la	el,	cercetându-l	din	toate	părțile,	și
The goat	looked	at	him	examined him	from	all	the parts	and

rămase	ca	năucă...	Pasămite,	băgase	de	seamă	că-n
remained	as	numb	Apparently	had gotten	of	account	that in

burduhanul	lui	cel	umflat	se	mișca	și	se	zvârcolea
the paunch	his	that	swollen	itself	moved	and	itself	writhed

ceva.
something

"Doamne,	Dumnezeule,	gândi	capra,	oare	n-or	mai	fi
Lord	my goodness	thought	the goat	really	not-they	more	be

trăind	bieții	mei	copilași,	pe	care	i-a	înghițit	tâlharul
living	the poor	my	children	on	which	he has	swallowed	the thief

de	lup?"
of	(a) wolf

Îl	trimise	pe	prâslea	fuguța	acasă,	să	aducă	foarfeca,
Him	sent	on	the little one	fast	home	to	bring	scissors

ac	și	ață,	și,	fââșș!	tăie	burdihanul	lupului!
needle	and	thread	and	zip	cut	the belly	of the wolf

N-apucase	bine	să	facă	o	tăietură,	că	un	ied	și	scoase
In grasped	well	to	make	a	cut	as	a	kid	also	got out

capul	afară.	Și-n	timp	ce	tăia	mai	departe,	iezii
the head	outside	And in	time	that	(she) cut	more	farther	the kids

începură	să	sară	afară,	unul	după	altul.	Şi	erau
began	to	jump	outside	the one	after	another	And	(they) were

vii	şi	nevătămaţi	toţi	şase;	în	lăcomia	ei,	dihania	îi
alive	and	unharmed	all	six	in	greed	its	the monster	them

înghiţise	aşa	întregi	cum	erau,	fără	a-i	mai
swallowed	so	complete	as	(they) were	without	from them	more

mesteca.	Şi	ţin-te	bucurie!	Prinseră	a	o	îmbrăţişa	pe
chew	And	keep yourself	joy	Grabbed	to	a	embrace	~~on~~

măicuţa	lor	dragă,	săltând	într-un	picior	ca	un
the little mother / their mommy	their	dear	bouncing	in a / on	foot / the feet	as	a

croitoraş	când	e	ginerică.	Dar	bătrâna	îi	potoli,
tailor	when	(he) is	bridegroom	But	the old (woman)	them	quieted

îndemnându-i	să	vadă	de-un	lucru	ce	nu	suferea	amânare:
urging them	to	see	of a / start on a	thing	that	not	suffered	delay

- Mai	bine	v-aţi	grăbi	să	aduceţi	nişte	bolovani,	ca	să
- More	good	you have	to hurry	to	bring	some	rocks	as	to

umplem	cu	ei	burdihanul	nelegiuitului	ăsta	de	lup,
fill	with	them	the belly	of this impious	this	of	wolf

cât	mai	zace	toropit	de	somn!
how much	more	lies	enervated	of	sleep

Iezii	începură	a	căra	la	repezeală	bolovani	şi	îndesară
The kids	began	to	carry	at	hurry	the rocks	and	stuffing

în	burdihanul	dihaniei	cât	de	mulţi	încăpură.	Apoi
in	the belly	of the monster	how much	of	many / as many as	fit	Then

bătrâna	îi	cusu	repede	burta	la	loc	şi	mişca
the old (woman)	to him	sewed	quick	the stomach	at	place / right away	and	moved

17

acul	cu	atâta	iscusinţă,	că	lupul	nici	măcar	nu
the needle	with	so much	skill	that	the wolf	neither	even	not

nici măcar = not even

apucă să simtă ceva.
grabbed to feel something

După ce se sătură el bine de somn, se ridică
After that itself saturated he good of sleep itself raised up

anevoie în picioare şi cum bolovanii din burtă îi
hardly in feet and as the rocks from (the) stomach him

pricinuiau o sete grozavă, porni către o fântână, cu
caused a thirst great started (off) towards a well with

gândul să-şi potolească setea.
thought to himself appease the thirst

Dar cum începu să umble, zdronca-zdronca, prinseră a
But as (he) began to walk drone-drone started to

se izbi şi bolovanii în burduhan. Şi parcă
themselves hit also the rocks in the belly And as if

presimţind că la mijloc nu-i lucru curat, începu să
sensing that at middle not him thing clean (he) began to
    inside   good

strige:
shout

Ce tot sare-ncolo-ncoace,
What all jump-forth over here

Prin stomac, şi nu-mi dă pace?
Through stomach and not me give peace

Iezii	sar.	Asta	aşa	e!
The kids	jump	This	so	is

Sau,	cumva,	or	fi	pietroaie?!
Or	perhaps	will	be	stones

Şi	când	ajunse	la	fântână	şi	se	plecă	să	bea	apă,
And	when	(it) reached	at	the well	and	itself	left bend	to	drink	water

bolovanii	cei	grei	îl	traseră	la	fund.	Cei	şapte	iezi
the rocks	these	heavy	him	drew	at to the	depth	The	seven	kids

văzuseră	de	departe	toată	întâmplarea	şi,	venind	tot
saw	from	far away	all	story	and	coming	all

într-o	goană,	strigau	cât	îi	lua	gura:
in a	chase	cried	how	to them	took	the mouth

as the words came to them

-	Lupul	a	crăpat!	Lupul	a	crăpat!
-	The wolf	has	cracked died	The wolf	has	cracked died

Şi	de	bucurie,	începură	a	juca	împrejurul	fântânii,
And	from	joy	began	to	play	round	the fountain

împreună	cu	maica	lor,	capra	cea	bătrână.
together	with	mother	their	the goat	that	old

the old goat

Muzicanţii din Bremen

Muzicanţii din Bremen
The musicians from Bremen

A fost odată un om şi omul ăsta avea un măgar,
It was once a man and the man this had a donkey
There   this man

care de ani şi ani tot cărase la moară saci
which of years and years all had carried at (the) mill (the) bags
     for   allways

cu grăunţe. Dar de la un timp bietului dobitoc i se
with corn But of at a time the poor beast also itself
                    at a certain time

împuţinaseră puterile şi nu mai era bun de nici o
diminished the powers and not more was good of neither a
                                                          any

treabă. De aceea, stăpânul lui se gândi într-una din
job Of that the owner of his himself thought on one of

zile că n-ar mai avea nici un rost să strice pe
the days that not-would more had not even a sense to waste on

el bunătate de nutreţ.
him (the) kindness of fodder

Măgarul pricepu însă că nu-l aşteaptă vremuri prea
The donkey understood however that not for it expect time much

bune şi, fără să mai adaste, îşi luă tălpăşiţa spre
good and without to more await himself took leave to
                                                   he departed

oraşul Bremen. Nu ştiu de unde-i venise-n gând că
the city Bremen not (i) know of where it came in mind that

acolo s-ar putea face muzicant al oraşului. După
there himself would be able to become musician of of the city After

ce	merse	el	o	bucată	de	vreme,	iată	că
that	walked	he	a	piece	of	time	there it is	that

dădu	peste	un	ogar	care	zăcea	întins
(he) gave	over	a	greyhound	which	lay	stretched out
he encountered						

pe-o	margine	a	drumului,	răsuflând	din	greu	de	parcă
on a	side	to	of the road	breathing	from	deep	of	as if
at the side		of the road						

ar	fi	făcut	ocolul	pământului.
(he) would	be	made	the tour	of the earth
	would have		a tour	

-	Ce	gâfâi	aşa,	mă	Apucă-l-în-Colţi?	îl	întrebă
-	(For) what	pant (you)	so	my	Grab-it-in-Fangs	him	asked

măgarul.
the donkey

- Vai	de	păcatele	mele,	răspunse	câinele,	pentru	că	sunt
- woe	of	sins	mine	answered	the dog	for	that	(I) am

bătrân	şi	slăbesc	din	zi	în	zi	tot	mai	mult	şi	pentru
old	and	weakened	from	day	in	day	all	more	much	and	for
								more and more			

că	la	vânătoare	nu	mă	mai	dovedesc	bun	de	nici	o
that	at	hunting	not	me	(any)more	show	good	of	neither	a
										any

ispravă,	stăpânul	meu	şi-a	pus	în	gând	să-mi	facă	de
feat	the owner	mine	himself has	put	in	mind	to me	make	of

petrecanie,	şi	atunci	mi-am	luat	repede	tălpăşiţa.	Dar
rubbed out	and	then	I have	taken	quick	depart	But
dead							

vorba	e	cu	ce-o	să-mi	câştig	eu	pâinea	de-aci	înainte?
words	is	with	what-it	to me	earn	I	the bread	from here	in front
									on forward

-	Știi	ceva,	îi	spuse	măgarul,	eu	mă	duc	la
-	Know (you)	something	him	said	the donkey	I	me	lead	at

Bremen	să	mă	fac	muzicant.	Hai	cu	mine,	că	s-o
bremen	to	me	make	(a) musician	Let's go	with	me	that	to it

mai	găsi	și	pentru	domnia ta	un	loc	în	taraf!	Eu	o
more	find	also	for	lordship your / your lordship	a	place	in	(the) band	I	it

să	cânt	din	lăută,	iar	tu	o	să	bați	la	toba mare.
will	chant play	from	(the) lute	and	you	it	will	beat	at	drum big / the big drum

Câinelui	îi	plăcu	propunerea,	cum	era	să	nu-i	placă!
The dog	him	liked	the proposal	how	was	to	not him	please

și	plecară	împreună	mai	departe.	Merseră	ei	așa	până
and	departed	together	more	far / farther	(They) went	they	so	until

ce	întâlniră	în	drum	o	pisică.	Și-avea	pisica	asta	o
that	met	in	(the) road	a	cat	And had	the cat	this / this cat	a

mutră	jalnică,	de	parcă	tot	îi	ningea	și-i
face	pitiable	of	as if	all allways	to her	(it) was snowing	and her

ploua!
(it was) raining

-	Ei,	Linge-Barbă,	de	ce-mi	ești	atât	de	tristă?	Cine	ți-a
-	Hey	Lick-Beard	of	what me	you	so	of	sad	Who	you it

stricat	socotelile?	o	întrebă	măgarul.
broke	the accounts	her	asked	donkey

-	Cui	i-ar	arde	să	fie	vesel,	când	i-a	ajuns
-	Whoever	it would	burn	to	be	merry	when	her has	arrived

funia	la	par?	răspunse	pisica.	Pentru	că	anii
the noose	to	(you) seem	answered	the cat	For	that	years

bătrâneţii	m-au	cam	adus	de	şale	şi	mi
of old age	me have	about kind of	brought	of	the spine	and	mi

brought me down

s-au	tocit	colţii	şi	pentru	că-mi	place	mai
themselves-have	blunted	the teeth	and	for	that myself	pleases	more

mult	să	mă	tolănesc	după	cuptor	şi	să	torc	decât	să
much	to	me	sprawl	behind	(the) oven	and	to	spin	than	to that

alerg	după	şoareci,	stăpâna	mea	a	vrut	să	mă	înece.
I run	after	mice	the mistress	of mine	has	wanted	to	me	drown

Am	fugit	eu	de	acasă	la	timp,	nu	e	vorbă,	dar	stau,
Have	fled	I	from	home	at	time	not	is	words	but	stay

just in time

şi	mă	socotesc:	încotro	s-o	apuc	acum?
and	me	reckon	where	to her	grab	now
					go	

-	Hai	cu	noi	la	Bremen,	că	la	serenade	nu	te-ntrece
-	Let Go	with	us	at to	Bremen	that	at	serenades	not	you beats

nimeni	şi	cu	siguranţă	c-o	să-ţi	găseşti	şi	tu	un
no one	and	with	certainty	that you	to-yourself	find	also	you	a

loc	în	taraful	oraşului.
place	in	the band	of the city

Pisica	socoti	că	sfatul	ăsta	nu-i	rău	deloc	şi	se
The cat	reckoned	that	counsel	this	not him	wrong	not at all	and	itself

alătură	celorlalţi	doi.	Şi-au	tot	mers	cei	trei	fugari,
joined	the other	two	Themselves have	all	gone	the	three	fugitives

au	tot	mers	şi	trecând	ei	prin	faţa	unei	curţi	au
have	all	gone	and	passing	they	through	front	of a	court	have

23

văzut	cocoţat	pe-o	poartă	un	cocoş	care	striga
seen	perched	on a	gate	a	cock	who	shouted

"cucurigu" din toată puterea rărunchilor.
cock-a-doodle-doo from/with all the power in his loins

- Ce ţi s-a-ntâmplat de strigi aşa, măi, cocoşule? îl
- Ahat you itself has happened of to shout so hey rooster him

întrebă măgarul. Astâmpără-te o dată, că împuiezi urechile
asked the donkey stop yourself a time that (you) fill the ears

oamenilor!
of the people

- Dau şi eu de veste c-o să fie vreme frumoasă, dar
- Give also I of news that it will be (a) time beautiful but

la ce bun! spuse cu tristeţe cocoşul. Mâine-i duminică
at what good said with sadness the rooster Tomorrow is sunday

şi ne vin oaspeţi. Dar vezi că stăpână-mea nu se
and to us come guests But see that my mistress not herself

mai arată milostivă faţă de mine; i-a spus bucătăresei
more looks merciful towards of me she has told the cook

c-ar pofti să mă mănânce la masă, în ciorbă, aşa
that (she) would desire to me eat at table in soup so

că în seara asta o să mă scurteze de cap...
that in the evening / this evening this it to me shorten of head

Acu'nţelegi de ce strig aşa? Strig şi eu cât mai
Now (you) understand of what (I) call so Call also I as more / as much as

pot, cât mai sunt în viaţă...
(I) can as more / now that still am I am in life / alive

24

- Păi	bine,	Creastă-Roşie,	să	te	necăjeşti	matale		
- Well	good	Crest-Red	to	yourself	afflict	yours truly		

pentru	atât!	îl	dojeni	măgarul.	Hai	mai bine	cu	noi, la
for	so	him	scolded	the donkey	Let	more good / You'd better go	with us	at to

Bremen.	Că	oriunde	ai	merge,	ceva	mai bun	
bremen	As	anywhere	(you) have	to go	something	more good / better	

decât	moartea	tot	o	să	afli...	Ai	un glas care
than	~~the~~ death	all	it	will	find out	(You) have	a voice which

te	unge	şi	de	te-ai	învoi	să cântăm	împreună,
yourself	grease	and	of	you-have	consented	to sing	together

ne-o	asculta	lumea	cu	gura	căscată,	zău	aşa!
to us it	listens	the world	with	the mouth	gaping	really	so

Cocoşul	găsi	că	propunerea	urecheatului	e	cât	se
The rooster	found	that	the proposal	of old big ears	is	as	himself

poate	de	nimerită	şi	tuspatru	o	pornirā	la drum.
may	of	hit suit	and	all four	it	(they) walked	at (the) road

Merseră	ei	cât	merseră,	dar	cum	nu	putură ajunge la
Went	they	as	(they) went	but	as	not	(they) could arrive at

Bremen	într-o	singură	zi,	se	văzură	siliţi	să
Bremen	in a	single	day	themselves	saw	forced	to

înnopteze	într-o	pădure.	Măgarul	şi	câinele	îşi	
spend the night	in a	forest	The donkey	and	the dog	themselves	

făcură	culcuşul	sub	un	copac	mare,	iar	cocoşul şi
made	the lair	under	a	tree	big	and	the rooster and

pisica	se	căţărară	în	rămurişul	bogat.	Dar cocoşul
the cat	themselves	clambered	in	the branches	rich dense	But the rooster

25

nu	fu	mulţumit	de	culcuş	şi	zbura	mai	sus,	până-n
not	was	satisfied	of	bed	and	flew	more	up	until ~~not~~
vârful	copacului,	unde	se	simţea	mai	la	adăpost.		
the top	of the tree	where	himself	(he) felt	more	at	shelter		
Înainte	de	a	apuca	să	adoarmă,	îşi	mai	roti	o	dată
Before	of	to	start	to	sleep	himself	more	turned	a	time
privirea	în	jur	şi	deodată	i	se	păru	că	zăreşte
(a) look	in	around	and	suddenly	also	himself	thought	that	(he) sees
în	depărtare	o	luminiţă.						
in	distance	a	glimmer						

Atunci	le	strigă	tovarăşilor	săi	că	nu	prea	departe	
Then	them	shouted	the companions	of his	that	not	much	far away	
de	acolo	trebuie	să	fie	o	casă,	căci	se	zăreşte	o
of	there	must	to	be	a	house	for	himself	(he) sees	a
lumină.									
light									

-	Hai	s-o	întindem	chiar	acu'	într-acolo,	spuse	cu	
-	Let's	to it	extend / set out	even	now	thither	said	with	
hotărâre	măgarul,	că	adăpostul	ăsta	nu	prea	e	de	
decision	donkey	that	the shelter	this	not	much (good)	is	of	
soi!									
variety									

26

Câinele	era	la	fel	de	zorit;	gândea	că,	de-ar	găsi	pe
The dog	was	at	kind	of	rushed eager	(he) thought	that	of would if would	find	on

acolo	niscaiva	oase	sau	vreo	bucăţică	de	carne,	i-ar
there	a little	bones	or	some	bit	of	meat	it would

prinde	tare	bine.
caught	heavy very	good

Porniră	deci	spre	locul	unde	se	vedea	luminiţa	şi-n
(They) walked	so	to	the place	where	itself	saw	the light	and in

curând	o	văzură	scânteind	şi	mai	puternic;	şi	din	ce
soon	it	(they) saw	flashing	also	more	strong	and	from	what

se	apropiau,	lumina	se	făcea	tot	mai	mare;
itself	approached	the light	itself	made	all	more	big

în	cele	din	urmă	ajunseră	la	casa	unor	tâlhari,	care
in	this	from	next then	(they) arrived	at	the house	of	thieves	which

era	luminată	ca	ziua.	Măgarul,	ca	fiind	cel	mai	înalt
was	lit	as	the day	The donkey	as	being	that	more	high

dintre	ei,	se	apropie	de	fereastră	şi	privi	înăuntru.
from	them	himself	approached	of	(the) window	and	looked	inside

- Ce	vezi	acolo,	măi,	Urechilă?	îl	întrebă	cocoşul.
- What	(you) see	there	hey	Big-ears	him	asked	the rooster

- Ce	văd?	Apăi	văd	o	masă	încărcată	cu	mâncări	şi
- What	(I) see	Well	(I) see	a	table	loaded	with	dishes	and

băuturi	alese	şi	nişte	tâlhari	care	stau	în	jurul	ei	şi
beverages	special	and	some	thieves	who	stay	in	around	they	and

se	înfruptă	de	zor.
themselves	partake	of	busily

- Aşa ceva ne-ar prinde bine şi nouă! zise cocoşul.
- So something us would caught good and new said the rooster

- Mai încape vorbă? Numai de ne-am vedea în
- More fit words No more of ourselves have to see in
  That goes without saying Only to get

locul lor! spuse măgarul, privind cu jind cum
the place their said donkey looking with yearning how

înfulecau tâlharii.
gobbled the thieves
snacked

Chibzuiră ei în ce chip ar putea să-i
Reflected they in what way would be able to them

pună pe tâlhari pe goană şi, în cele din urmă,
put on (the) thieves on chase and in ones from follow
     chase the thieves away   then

găsiră ce aveau de făcut. Măgarul îşi ridică
(they) found what (they) had of made The donkey himself raised up
              to do

picioarele dinainte şi le propti de marginea ferestrei,
the legs in front and them propped of the edge of the window
                              on

câinele sări pe spinarea măgarului, pisica se căţăra
the dog jumped on the back of the donkey the cat himself clambered

pe spatele câinelui, iar la urmă cocoşul îşi desfăcu
on the back of the dog and at follow the rooster himself opened
                   next

aripile şi, zburând, se aşeză pe capul pisicii. Şi
the wings and flying himself sat on the head of the cat And

aşa cum erau orânduiţi, ca la un semn, porniră cu
so as (they) were arranged as at one signal (they) started with

toţii să cânte, fiecare pe viersul lui: măgarul răgea,
all to sing every on the manner of his the donkey roared
                                              brayed

28

câinele	lătra,	pisica	mieuna	şi	cocoşul	cucuriga.		După
the dog	barked	the cat	miaowed	and	the rooster	cock-a-doodled		After
ce	făcură	o	cântare	în	toată	regula,	se	năpustiră
that	(they) made	a	song	in	all	rule	itself	rushed
					according to	the rule		
prin	fereastră	în	odaie,	de	zăngăniră		toate	geamurile
through	(the) window	in	the room	of	rattled		all	the windows
şi	se	făcură	ţăndări.					
and	themselves	made	(to) smithereens					
		broke to pieces						

De	spaimă,	tâlharii	săriră-n	sus	ca	nişte	apucaţi	şi
Of	fear	the thieves	jumped-in	up	as	some	gripped	and
			jumped			people	fear struck	
crezând	că	niscaiva	stafii	au	năvălit	în	casă,	fugiră
thinking	that	some	ghosts	have	rushed	in	house	fled
						into	the house	they fled
îngroziţi	în	pădure.	Iar	cei	patru	tovarăşi		se
terrified	in	forest	And	these	four	companions		themselves
	into	the forest						
aşezară	la	masă	şi,	luând	fiecare	din	ce	mai
sat	at	(the) table	and	taking	each	from	what	more
rămăsese,	se	ghiftuiră	de	parcă	i-ar	fi		aşteptat
remained	themselves	bloated	of	as if	them would	be		awaiting
un	post	de	patru	săptămâni.				
a	fast	of	four	weeks				

După	ce	s-au		ospătat	în	lege,	cei	patru
after	what	themselves-they had	feasted	in	law	the	four
muzicanţi	stinseră	luminile		şi-şi	aleseră	culcuşul,
musicians	extinguished	lights		and itself	aleseră	the nest
fiecare	după	pofta	inimii	şi	după	cum	îi	era	firea.
every	after	the lust	of her heart	and	after	how	them	was	nature

29

Măgarul	se	culcă	pe	un	maldăr	de	gunoi,	câinele
The donkey	himself	laid	on	a	heap	of	trash	the dog

se	făcu	covrig	după	uşă,	pisica	se	tolăni	pe
himself	did	pretzel (rolled up)	behind	(the) door	the cat	herself	sprawled	on

cuptor,	lângă	spuza	caldă,	iar	cocoşul	se	cocoţă	pe
(the) oven	by	the ashes	hot	and	the rooster	himself	perched	on

o	grindă	de	sub	bagdadie.	Şi	cum	veneau	de	la
a	beam	~~of~~	under	(the) ceiling	And	as	(they) came	from	at

drum	lung	şi	erau	osteniţi,	adormiră	repede.
(the) road	long	and	(they) were	weary	(they) fell asleep	quick

După	ce	trecu	miezul	nopţii,	tâlharii	văzură	de
After	what	passed	the middle	of the night	thieves	saw	from

departe	că-n	casă	nu	mai	arde	nici	o	lumină
far away	that in	(the) house	not	(any)more	burns	not even	a	light

şi	că	totul	părea	cufundat	în	tăcere.	Atunci	căpetenia
and	that	everything	looks	plunged	in	silence	Then	the captain

le	zise:
to them	said

-	Mi	se	pare	că	ne-am	cam	speriat
-	Me	itself	seems	that	ourselves (we) have	rather	scared

de	pomană!	S-ar	cuveni	să	ne	ruşinăm	c-am
of	alms (for nothing)	Itself had	to convene	that	ourselves	shame	that (I) have

fost	aşa	de	slabi	de	înger!
been	so	of	weak	of	angel

Şi trimise pe unul de-ai lor să cerceteze ce se mai întâmpla pe acasă. Iscoada nu desluşi nimic care să-l pună pe gânduri; casa părea cufundată în cea mai deplină linişte şi, fără nici o grijă, intră în bucătărie şi voi să aprindă o lumânare. Dând de ochii scânteietori ai pisicii, îi luă drept cărbuni aprinşi şi apropie de ei un băţ de chibrit, ca să-l aprindă. Dar pisica nu înţelese de glumă; îi sări în obraz şi începu să-l zgârie şi să-l scuipe. Tâlharul trase o sperietură zdravănă şi dădu să iasă afară prin uşa din dos. Dar nu scăpă cu una-cu două. Câinele, care sta lungit după uşă, se repezi la el şi-l muşcă de picior. O luă atunci la goană prin curte şi, când trecu pe lângă maldărul de gunoi, îi arse măgarul o

copită,	de	văzu	stele	verzi.	Iar	cocoşul,	trezit	de
hoof	of (which)	(he) saw	stars	green	And	the rooster	woken up	from

hărmălaia	de-afară,	începu	să	strige	de	pe	grindă:
the noise	from outside	began	to	shout	of	on	(the) beam

"cucurigu,	cucuriiguu!"...	Atunci	tâlharul	îşi
cock-a-doodle-doo	cock-a-doooodle-doo	Then	the thief	himself

luă	picioarele	la	spinare	şi	nu	se	opri	decât	în	faţa
took	the legs	at	back	and	not	himself	stopped	than	in	front

ran very fast

căpeteniei	tâlharilor,	căreia	îi	înşiră	toate	grozăviile
of the captain	of the thieves	whom	he	enumerated / told	all	the horrors

prin	câte	trecuse.
through	each which	he passed

- Vai	de	viaţa	noastră!	În	casă	s-a	cuibărit	o
- Woe	of	life	our	In	(the) house	itself has	nested	a

to us

coţofană	afurisită,	care	mi-a	zgâriat	tot	obrazul	cu	nişte
magpie	damned	which	me it	scratched	all	the cheek	with	some

gheare	lungi	şi	ascuţite;	iar	la	uşă,	cine	crezi
the claws	long	and	sharp	and	at	(the) door	who	believe

că	stătea?	unul	cu	un	cuţit,	pe	care	mi	l-a
that (there)	sat	the one someone	with	a	knife	on with	which	me	he has

înfipt	în	picior!	Socoteam	c-am	scăpat!	Da'	ţi-ai	găsit
thrust	in	(the) foot	(I) reckoned	that (I) had	escaped	Yes	you of	found

să	scapi	aşa	uşor!	în	ogradă,	o	namilă	neagră	m-a
to	lose	so	easy	in	(the) yard	a	hippopotamus	black	me it

pocnit	cu	o	măciucă,	iar	sus,	cocoţat	pe	acoperiş,	sta
hit	with	a	cudgel	and	up	perched	on	(the) roof	(it) was

32

însuşi	judecătorul	şi	tot	striga	"Aduceţi-mi-l	încoace	pe
himself	the judge	and	all	shouted	Bring-me-him	here	on

tâlhar!	Aduceţi-mi-l!"...	Dacă	am	văzut	că	aşa	stă
robber	Bring-me-him	If / When	(I) have	seen	that	so	stands

treaba,	am	fugit	de-mi	sfârâiau	călcâiele...
the job	(I) have	fled	by me	sizzling	the heels

by running very fast

Din	seara	aceea,	tâlharii	n-au	mai	cutezat	să
From	in the evening	that	the thieves	not had	(any)more	dared	to

se	apropie	de	casă,	iar	cei	patru	muzicanţi	din
themselves	approach	of	(the) house	and	the	four	musicians	from

Bremen	s-au	simţit	atât	de	bine	acolo,	că	nu
Bremen	themselves-(they) had	felt	so	~~of~~	good	there	that	not

s-au	mai	îndurat	să	plece	şi	toate	câte
themselves-(they) had	(any)more	endured	to	leave	and	all	each

le-aţi	auzit	mi	le-a	spus	şi	mie,	chiar	adineauri,	un
you have	heard	me	them has	said	also	to me	even	just now	a

fârtat	de-al	meu.	Şi	cred	că	nu	şi-a	răcit	gura
fellow	of-to	me	And	(I) guess	that	not	itself has	chilled	the mouth

I have told the story

degeaba.
in vain

Frumoasă adormită

Frumoasă adormită
beautiful sleeping

A fost odată, în vremurile de demult, a fost un
It was once in days of recent it was an
There   recent days   there
împărat şi-o împărăteasă, şi cum nu se îndurase soarta
emperor and a queen and as not itself endured fate
                                    took the trouble
să le hărăzească un urmaş, nu trecea zi în care să
to them bestow an heir not passed (a) day in which that
        give   on
nu se tânguie amândoi: "Cât de goală ne e
not themselves lamented both How of empty (to) us is
casa şi ce fericiţi am fi de-am avea şi noi un
the house and what happy have be of have had also we a
            how   I would if had
copil!" Dar coconul cel mult dorit se lăsa aşteptat de
child But the pod that much wanted itself left waiting of
         the pup
multă vreme...
much time

Şi iată că-ntr-un sfârşit, pe când împărăteasa se
And there it is that in an end on when the empress herself
                that in the
scălda în apa unui râu, o broască sări din unde pe
bathed in water of a river a frog jumped from where on
                                                somewhere
prundişul malului şi-i grăi astfel:
the gravel shore and her spoke like so

34

- Află,	Măria	ta,	că-ţi	va	fi	îndeplinită	dorinţa;
- Find out	highness your highness	your	that to you	will	be	accomplished	the desire

căci	până	a	nu	trece	anul,	vei	aduce	pe	lume	o
for	until	to	not	pass	the year	you	bring	on	light (the) world	a

fetiţă.
little girl

Şi	se	împlini	întocmai	ceea	ce	spusese	broasca;
And	itself	fulfilled	exactly	what it that	what	told	the frog

împărăteasa	născu	o	fetiţă,	şi	atâta	era	de	frumoasă
the empress	gave birth to	a	little girl	and	so much	was	of	beautiful

fetiţa,	că	împăratul	nu-şi	mai	încăpea	în	piele	de
the girl	that	the king	not itself	more	fit almost burst	in	the skin	of

bucurie.	Cum	voia	să	se	împărtăşească	şi
joy	As	(he) wanted	to	himself	share	also

alţii	din	bucuria lui,	Măria sa	dădu	o	mare
(with) others	from in	joyful his his joy	highness his his highness	gave	a	great

petrecere,	la	care	pofti	nu	numai	rudele,	prietenii	şi
party	at	which	(he) invited	not	only	relatives	friends	and

cunoscuţii,	ci	şi	ursitoarele,	ca	să	le	câştige	toată
acquaintances	but	also	the fairies	as	to	them	win	all

bunăvoinţa	şi	grija	faţă	de	soarta	copilei.
benevolence	and	care	towards	of	the fate	of the child

În	toată	ţara	aceea	erau	treisprezece	ursitoare,	dar
In	all	the country	that	were	thirteen	fairies	but

pentru	că	împăratul	nu	avea	decât	douăsprezece	talere
for	that	king	not	had	(more) than	twelve	plates

de aur în care să le servească bucatele, una din ele nu fu poftită la ospăț. Petrecerea se prăznui cu mare strălucire și, când fu să se încheie, ursitoarele înzestrară copila cu cele mai alese daruri: una îi hărăzi să se bucure de virtute, a doua, de frumusețe, a treia, de bogăție și așa, pe rând, ursitoarele îi dăruiră tot ce-și poate dori omul pe lumea asta. În clipa când cea de-a unsprezecea ursitoare tocmai își sfârșea urarea, numai ce intră valvârtej cea de-a treisprezecea. Pasămite, venise să se răzbune pentru că nu fusese poftită și ea la serbare. Și, fără ca măcar să arunce cuiva vreo privire, rosti cu un glas tunător:

-	Când	va	împlini	fata	cincisprezece	ani,
-	When	will	fulfill	the girl	fifteen	years

să	se-nțepe	c-un	fus	şi	să	moară!
(she) will	herself-prick	with a	spindle	and	(she) will	die
she shall prick herself					she shall die	

Apoi	nu	mai	spuse	nici	un	cuvânt	şi,	întorcând
Then	not	(any)more	said	not even	a	word	and	turning

spatele	la	cei	de față,	părăsi	sala	tronului.	Toți
the back	at	those	of face	left	the hall	of the throne	All
			present			the throne room	

încremeniseră	de	spaimă,	dar	cea	de-a	douăsprezecea
were paralyzed	of	fear	but	the one	of to have	twelfth
						the twelfth

ursitoare,	care	nu-i	rostise	încă	urarea,	se	apropie
fairy	who	not her	spoke	yet	the wish	herself	approached

de	leagăn	şi,	fiindcă	nu-i	sta	în	putință	să	ridice
of	(the) cradle	and	because	not her	(it) was	in	power	to	lift

blestemul,	ci	doar	să-l	mai	îndulcească,	glăsui	aşa:
the curse	but	only	to it	more	soften	(she) voiced	so

- Dar	să	nu	fie	moartă,	ci	să	cadă	într-un	somn
- But	(she) will	not	be	dead	but	(she) will	fall	in a	sleep

adânc,	care	să	țină	o	sută	de	ani!
deep	which	will	take	a	hundred	of	years

Împăratul,	care	dorea	din	tot	sufletul	s-o	ferească
The emperor	who	wanted	from	all	the soul	to her	beware

pe	iubita	sa	copilă	de	năpasta	blestemului,	dădu	poruncă
on	the love	his	girl	of	the scourge	of the curse	gave	command
	his lovely							the order

să	se	pună	pe	foc	toate	fusele	din	împărăție.
to	itself	put	on	fire	all	the spindles	from	the kingdom

În	ăst	timp,	fetița	creștea	și	darurile	cu	care	o
In	this	time	the girl	grew	and	the gifts	with	which	her

înzestraseră	ursitoarele	își	arătau	roadele	cu
endowed	the fairies	themselves	looked	the fruits	with
		were showing			

prisosință:	era	atât	de	frumoasă,	de	cuminte,	de
abundance	(she) was	so	~~of~~	beautiful	~~of~~	good	~~of~~

prietenoasă	și	de	înțeleaptă,	că	oricine	o	vedea	o
friendly	and	~~of~~	wise	that	anyone	her	saw	her

îndrăgea	pe	dată.
loved	on	time
	right away	

Se	întâmplă	însă	ca	tocmai	în	ziua	în	care	domnița
Itself	happened	however	as	just	in	the day	in	which	the princess

împlinea	cincisprezece	ani	împăratul	și	împărăteasa	să
fulfilled	fifteen	years	the king	and	the empress	were to

fie	duși	de-acasă	și	fata	să	rămână	singură	în	palat.
be	taken	from home	and	the girl	to	stay	alone	in	(the) palace

Ca	să-i	treacă	de	urât,	luă	la	rând	încăperile;	zăbovi
As	to her	passed	of	ugly	took	at	row	the rooms	lingered
		it was boring		she set off					

ea	prin	tot	felul	de	săli	și	odăi	și	colindă	așa,
she	through	all	the way	of	halls	and	rooms	and	roamed	so

după	pofta	inimii,	ceasuri	întregi,	până	ce	ajunse
after	the lust	of her heart	hours	complete	until	that	(she) reached

și	la	un	turn	vechi.	Urcă	scara	îngustă	și
also	at	a	tower	old	(She) got on	the stair	narrow	and

întortocheată	ce	ducea	sus	și	se	pomeni	în	dreptul
twisted	that	led	up	and	itself	mention	in	the right
					came across			front

unei	uși	micuțe.	În	broască	era	vârâtă	o cheie	ruginită
of a	doors door	tiny	In	(the) lock	was	thrust	a key	rusty

și	când	o	răsuci,	ușa	sări	în	lături	și fetei	îi fu
and	when	it	twisted	the door	jumped	in	swill	and girl	them was

dat	să	vadă	într-o	cămăruță	o	femeie	bătrână,	bătrână,
given	to	see	in a	small room	a	woman	old	old

care	sta	și	torcea	cu	sârguință	un fuior	de in.
which	sat	and	spun	with	diligence	a tow (spinning wheel)	of flax

- Bună	ziua,	bătrânico,	spuse	domnița,	da'	ce	faci
- Good	day	old woman	said	the princess	but	what	make (you)

aici?
here

- Iaca,	torc	și	eu!	răspunse	bătrâna,	dând	din cap.
- Here	spin	also	i	answered	the old (woman)	giving	from head (nodding)

- Da'	ce	naiba-i	aia	de	se	răsucește	așa de	repede?
- But	what	hell is	that	of	itself	twists	so of	quick

întrebă	fata	și,	luând	fusul	în	mână,	încercă și
asked	(the) girl	and	taking	the spindle	in	(the) hand	tried also

ea să toarcă.
she to spin

Dar	de-abia-l	atinse,	că	se	și	împlini	blestemul
But	of barely her just then	arrived	that	itself	also	fulfilled	the curse

ursitoarei	și	domnița	se	înțepă	la un	deget.
of the fairy	and	the princess	herself	stung	at a	finger

În clipa în care simți înțepătura, fata căzu pe	In the moment in which (she) felt the sting, the girl fell on
patul care se afla acolo și se cufundă într-un	the bed which itself found (was located) there and herself plunged in a
somn adânc. Și somnul ăsta cuprinse întreg palatul:	deep sleep. And this sleep (sleep this) contained (covered) the whole palace (the whole palace)
împăratul și împărăteasa, care tocmai atunci se	the emperor and the empress, who just then themselves
întoarseră acasă și intrară în sala tronului, adormiră	returned home and entered in the hall of the throne fell asleep
pe loc și o dată cu ei adormi întreaga curte.	on (the) spot and a time with (at the same time as) them slept whole the court
Adormiră și caii în grajd, și câinii prin cotloanele	fell asleep and horses in (the) shed and the dogs through ins and outs (throughout)
curții, și hulubii pe acoperiș, și muștele pe pereți;	of the court and the pidgeons on (the) roof and the flies on the walls
ba chiar și focul care ardea în vatră își potoli	nay even also the fire which burned in (the) fireplace itself lulled
văpaia și se stinse cu totul. Friptura încetă de-a	the flame and itself extinguished with all (totally) The steak stopped of to have
mai sfârâi, iar bucătarul, care tocmai se pregătea	more sizzle and the chef (cook) who just himself readied
să-și apuce de chică ucenicul, fiindcă făcuse o	to himself grasp of hair the assistent because (he) did a
boroboață, îi dădu drumul și adormi și el. Chiar și	roguery them gave the road free and slept also he Even also

40

vântul	își	opri	suflarea	și	nici	o	frunzuliță	nu	se
the wind	itself	stopped	to breathe	and	not even	a	little leave	not	itself

mai	mișcă	în	copacii	din	preajma	palatului.
(any)more	moved	in	the trees	~~from~~	around	palace

Și	ce	să	vezi:	de	jur-împrejurul	palatului	începu	să
And	what	to	see	of	around-encircling	of the palace	began	to

crească	un	tufiș	de	mărăcini,	ca	un	gard	viu!	An	de	an,
grow	a	bush	of	briar (roses)	as	a	fence	alive	Year	of by	year

mărăcinișul	se	înălța	tot	mai	mult	și,
the briers	themselves	rose	all	more	a lot	and

în	cele din urmă,	cuprinse	toți	pereții,	până la	căpriori,
in	these from follow afterwards	covered	all	the walls	until at up to	(the) rafters

ba	se	mai	întinse	și	pe	deasupra,	de	nu	mai
nay	itself	more	extended	also	on	top	of so that	not	(any)more

puteai	vedea	palatul	defel,	nici	chiar	steagul	de	pe
(you) could	see	the palace	at all	neither	even	the flag	~~of~~	on

acoperiș.
(the) roof

A	mers	vestea-n	lume	despre	frumoasa	adormită,	căci
Has	gone	the news in	(the) world	about	the beautiful	sleeping	for
	The news spread				the sleeping beauty		

așa	o	numeau	toți	pe	tânăra	domniță;	și
so	her	called	all	~~on~~	the young	princess	and

la	câte-un	răstimp	se	găsea	câte-un	fiu	de	crai	care
at	by a	time	itself	found	by a	son	of	kings	who
	now and then								

încerca	să	străbată	prin	tufișul	de	mărăcini	și	să
tried	to	pass through	through	the bush	of	briers	and	to

pătrundă	până	la	palat.
get	until	at	(the) palace

Dar	de	răzbit	n-a	răzbit	nici	unul,	din	pricină	că
But	of	made it	not he	made it	neither	the one	from	cause	that
		But he didn't make it			not one of them				

mărăcinii	se	prindeau	laolaltă	ca	și	când	ar	fi	avut
the thorns	itself	caught	together	like	also	when	would	be	had

niște	mâini	ghimpoase	și	nu-i	lăsau	să	înainteze
some	hands	thorned	and	not him	(they) let	to	submit

măcar	un	pas.
even	a	step

După	amar	de	ani,	prin	acele	meleaguri	iată	că
After	bitter	of	years	through	those	lands	there it is	that
	long							

mai	veni	un	fecior	de	împărat.	Și	întâlnindu-se	el	cu
more	came	a	son	of	emperor	And	meeting himself	he	with

un	bătrân,	acesta-i	povesti	despre	gardul	de	mărăcini
an	old man	this one him	told	about	the fence	of	briers

care	împrejmuia	palatul	de	amar	de	ani...	Și-i	mai
which	surrounded	the palace	of	bitter	of	years	And him	more
				for so many years				also

zise	că-n	palat	o	fiică	de	crai,	frumoasă	cum	nu	se
said	that in	palace	a	daughter	of	kings	beautiful	as	not	itself

mai	află	alta	pe	lume,	dormea	somn	adânc,	de
ever	found	other	on	(the) world	was sleeping	(a) sleep	deep	of

vreo	sută	de	ani.	Și	că	tot	de	atunci	dorm
some	hundred	of	years	And	that	all	of	then	(they were) sleeping

și împăratul și împărăteasa și toți curtenii... Și mai știa bătrânul, de la bunicu-său, că se perindaseră pe-acolo mulți feciori de împărat care încercaseră să răzbească la palat prin tufărișul de mărăcini, dar că toți s-au pierdut fără urmă, agățați printre spini, murind de-o moarte cumplită.

Atunci tânărul îi vorbi cu semeție:

– Mie nu mi-e teamă defel și află c-am să mă duc s-o văd pe frumoasa adormită, chiar de-ar fi să-mi pierd viața!

Și oricât încercă bătrânul cel omenos să-l abată pe flăcău de la acest gând, nu izbuti, căci acesta era neînduplecat în hotărârea lui.

Se	nimeri	însă	că	tocmai	atunci	se	împlineau	cei	o
Itself	happened	however	that	just	then	itself	fulfilled	the	a those

sută	de	ani	şi	sosise	ziua	în	care	frumoasa
hundred	of	years	and	arrived	the day	in	which	the beautiful

adormită	trebuia	să	se	trezească	din	somnul	ei	lung.
sleeping	had	to	herself	wake up	from	the sleep	her	long
						her long sleep		

Când	feciorul	de	împărat	se	apropie	de	tufărişul	de
When	the son	of	emperor	himself	approached	of	the scrub	of

mărăcini,	mai-mai	nu-i	veni	să-şi	creadă	ochilor,	căci
briers	more more he did not	not him	came	to himself	believe	his eyes	for

mărăcinii	se	prefăcuseră	pe data	în	puzderie	de
the briers	themselves	made	on time at once	in	a host	of

flori	mari	şi	frumoase,	ce	se	dădeau	la	o	parte	din
flowers	big	and	beautiful	that	itself	gave	at	a	part	from

faţa	lui,	lăsându-l	să	treacă	nevătămat.	Şi	după	ce
in front	of him	leaving him	to	pass	unharmed	And	after	that

trecea	el,	cărarea	se	strângea	din	nou	şi	florile
passed	he	the path	itself	gathered	from	new	and	the flowers

se	preschimbau	iarăşi	într-un	zid	ghimpos,	de
themselves	changed	again	in a	wall	spiny	of

nestrăbătut.	În	curtea	palatului	văzu	o	mulţime	de
impassible	In	the courtyard	of the palace	(he) saw	a	multitude	of

cai	şi	nişte	ogari	care	dormeau	pe	lespezile	de
horses	and	some	greyhounds	which	slept	on	the slabs	of

piatră.	Pe	acoperiş,	hulubii	dormeau	cu	căpşoarele	vârâte
stone	On	(the) roof	pidgeons	slept	with	the little heads	thrust

sub	aripi...	De-ndată	ce	intră	în	palat,	văzu
under the	wings	Of-sudden Immediately	what as	(he) entered	in	(the) palace	(he) saw

acelaşi	lucru:	muştele	dormeau	pe	pereţi,	iar	în		
(the) same	thing	flies	slept	on	(the) walls	and	in		
bucătărie	bucătarul	ţinea	mâna	întinsă,	ca	şi	cum		
the kitchen	the chef (cook)	held	the hand	(out)stretched	as	also	how		
ar	fi	vrut	să	apuce	de	chică	pe	ajutorul	său,	în	timp
would	be	wanted	to	grasp	of / by	hair / the hair	on	the help	of his	in	time
ce	o	slujnică	şedea	pe-un	scăunel,	având	în	faţă	o	găină
what	a	handmaid	sit	on a	stool	having	in	front	a	hen
neagră,	pe	care	abia	apucase	s-o	jumulească	de
black	on	which	barely	(she) had started	to her	pluck	of
câteva	pene,	cu	o	sută	de	ani	în	urmă.
some	feathers	with	a	hundred	of	years	in	follow

Şi	feciorul	de	crai	merse	mai	departe,	până	ce	ajunse
And	the son	of	kings	walked	more	far / further	until	what / that	reached / he reached
în	sala	tronului.	Aici	îi	găsi	pe	toţi	curtenii	dormind
in	the room	of the throne / the throne room	here	them	find	on	all	the court	sleeping
un	somn	ca	de	plumb	iar	mai	în	fund,	sus,	pe
a	sleep	as	of	lead	and	more	in	(the) back	up	on
tron,	dormeau	împăratul	şi	împărăteasa.	Colindă	el
(the) throne	slept	the king	and	the empress	Roamed	he
mereu	alte	şi	alte	încăperi,	fără	să	se	oprească
always	other	and	other	rooms	without	to	himself	stop
măcar	o	clipă.	Şi	tot	palatul	era	cufundat	într-o	tăcere
even	a	moment	And	all	the palace	was	plunged	in a	silence
aşa	de	adâncă,	că-ţi	puteai	auzi	răsuflarea.
so	of	deep	that you	could	hear	the breathing

În cele din urmă, flăcăul ajunse în turn și deschise	In this from follow, the lad reached in (the) tower and opened
	Then
ușa cămăruței în care dormea tânăra domniță. Și	the door of the little room in which was sleeping the young princess And
era atât de frumoasă în somnul ei, că feciorul de	was so of beautiful in the sleep of her that the son of
împărat nu-și mai putu lua ochii de la ea și,	(an) emperor not himself (any)more could take the eyes of at her and
aplecându-se, o sărută.	leaning himself her kissed

Dar de îndată ce-o atinse cu buzele,	But of soon what her (he) reached with his lips
	as soon as her
frumoasa adormită clipi din gene, deschise ochii	the beautiful sleeping blinked from eyelashes opened the eyes
	the sleeping beauty with her
și-l privi cu drag. Coborâră apoi amândoi din	and at him looked with love Descended then both from
	fell in love
turn și, ca la un semn, împăratul și împărăteasa	(the) tower and as at a signal the emperor and the empress
se treziră și ei și tot atunci se treziră	themselves roused and they and all then themselves roused
	everybody
toți curtenii. Se priveau unii pe alții, mirați, și	all the court itself watching the ones on(to) the others marveled and
mai-mai că nu le venea să-și creadă ochilor.	more more that not them came to themselves believe their eyes
almost	
Caii din curte se ridicară și începură	The horses from the yard themselves rose and began

să-și	scuture	coama;	ogarii	săriră	sprinten	în
to themselves	shake	the mane	the greyhounds	leaped	lithe	in

sus,	dând	vesel	din	coadă	și	gudurându-se;	hulubii	de
up	giving	merry	from	tail	and	yapping	the pidgeons	of

pe	acoperiș	scoaseră	căpșoarele	de	sub	aripi	și,
on	(the) roof	took out	their little heads	from	under the	wings	and

rotindu-și	privirile	în	zare,	își	luară	zborul
turning themselves	looked	in	the horizon	themselves	took	flight

spre	câmpie;	muștele	începură	să	se	miște	pe
to	the plain	the flies	began	to	themselves	move	on

pereți	bâzâind	întruna;	focul	din	bucătărie	se	dezmorți
(the) walls	buzzing	all the time	the fire	from	the kitchen	itself	undied woke up

și-și	înteți	vâlvătaia;	mâncarea	de	pe	plită	porni	să
and itself	inflamed	(in a) blaze	the food	of	on	(the) stove	started	to

clocotească;	friptura	prinse	iar	să	sfârâie;	bucătarul	trase
boil	the steak	caught started	again	to	sizzle	the chef	fired

o	palmă	zdravănă	ucenicului	său,	care	prinse	să	țipe	ca
a	palm	hearty	on the disciple	his	which	caught started	to	yell	as

din	gură	de	șarpe;	iar	slujnica	se	apucă	de
from	the mouth	of	snake	and	the maid	herself	grabbed	~~of~~

jumulit	găina	și	n-o	mai	lăsă	din	mână	până
(the) plucked	hen	and	not it	(any)more	left	from	(the) hand	until

nu-i	smulse	toate	penele...
not him	yanked off	all	feathers

47

Apoi	se	prăznui	cu	mare	strălucire	şi	alai	nunta
Then	itself	celebrated	with	great	shine	and	pomp	the wedding

feciorului	de	împărat	cu	frumoasa	adormită	şi
of the son	of	(the) emperor	with	the beautiful	sleeping	and

the sleeping beauty

amândoi	trăiră	fericiţi	până	la	sfârşitul	zilelor.
both	lived	happy	until	at	the end	of their days

Hansel şi Gretel

Hansel şi Gretel
Hansel and Gretel

A fost odată ca niciodată un tăietor de lemne
It was once than never a cutter of wood
There or

tare nevoiaş şi omul ăsta îşi avea căscioara la
heavy needy and man this himself had (a) little house at
very poor   this man

marginea unui codru nesfârşit, unde-şi ducea viaţa
the edge of a forest endless where himself (he) led (a) life

împreună cu nevastă-sa şi cei doi copii ai săi. Şi pe
together with his wife and the two children of his And on

băieţel îl chema Hansel, iar pe fetiţă Gretel.
the little boy him called Hansel and on little girl Gretel

De sărmani ce erau, nu prea aveau cu
From poor what (they) were not much (they) had with
As poor as

ce-şi astâmpăra foamea. Şi-ntr-o bună zi,
what-themselves to appease (the) hunger And into a good day
And on a

întâmplându-se să se abată asupra ţării o mare
happening-itself to it depart on lands-the a great
descended the country

foamete, nu mai fură-n stare să-şi agonisească
famine not (any)more steal (a) living to himself earn
scrape the daily bread

nici măcar pâinea cea zilnică.
neither even bread-the the daily
the daily bread

Seara	în	pat,	pe	bietul	om	începeau	să-l
In the evening	in the	bed	~~on~~	(the) poor	man	began	to-it about it

muncească	gândurile	și,	zvârcolindu-se	neliniștit	în
work the thoughts to ponder		and	wriggling-himself rolling over	restless	in the

așternut,	se	pomenea	că	oftează	cu	grea	obidă.
sheet(s)	himself	remembered thought about	that and	sighed	with of	tough heavy	sorrow

Și-ntr-una	din	aceste	seri	îi	zise	el	neveste-sii:
And into one	out of	these	evenings	him	said	he	wife-his to his wife

-	Ce-o	să	ne	facem,	femeie?	Cu	ce-o	să-i	hrănim
-	What-it What can we do	that	us	we do	woman	With	what-her	to-them	feed

pe	bieții	noștri	copii,	când	nici	pentru	noi	nu	mai
~~on~~	poor-them	our	children	when	neither not even	for	us	not	more

avem	nici	de	unele?
(we) have	neither nothing	of	some

-	Știi	ceva,	bărbate,	răspunse	femeia,	mâine-n
-	Know-you	something	man	answered	the woman	tomorrow in

zori	luăm	copiii	cu	noi	și-i	ducem	unde-i	pădurea
daybreak	we take	the kids	with	us	and them	take	where-it where	forest-the the forest

mai	deasă.	Le	facem	un	foc	bun,	le	dăm	și
most is the most	dense	Them	make-we we make	a	fire	good good fire	them	give-we we give	also

câte-o	îmbucătură	de	pâine	și	pe	urmă	ne	vedem	de
each-it	(a) mouthful	of	bread	and	~~on~~	follow next	we	see	of to

treburile	noastre.	Iar	pe	ei	îi	lăsăm	acolo.
business our our own business		And	~~on~~	them	~~them~~	we leave	there

De	nimerit,	n-or	să	mai	nimerească	drumul	spre
Of For sure	to hit	not-they	that	more anymore	hit find	road-the the road	to

50

casă,	de	ăsta	sunt	sigură,	și-n	felul	ăsta	ne
house	from	this	(I) am	sure	and-in	kind way	this	we

descotorosim de ei!
 get rid of them

- Nu, femeie, asta n-o voi face spuse bărbatul. Nu mă
- No woman this not it (I) want to do said the man Not me

rabdă inima să-mi las copiii singuri în pădure.
bears (it) (the) heart to-me (to) let the kids alone in the forest

Că doar multă vreme n-ar trece și-ar veni fiarele
That only much time not-would pass and-would come (the) beasts
 Probably   not much time would

să-i sfâșie...
to-them rip
 to rip them up

- Vai de tine, neghiobule, îl luă femeia la rost, de-i
- Woe of you fool him took woman at sense of them

așa, o să murim de foame toți patru... Poți să cioplești
so a to die of hunger all four (You) can to carve

de pe-acum scânduri pentru sicrie...
from on-now boards for coffins
  now on

Și femeia nu-i dădu pace până când omul nostru nu
And the woman not him gave peace until when the man our ~~not~~
        our man

se-nvoi.
himself-agreed
 agreed

- Totuși, mi-e tare milă de bieții copii! adăugă el cu
- However me is badly mercy of the poor children add he with
  But   I have so much pity for

obidă.
 grief

În acest timp,	In this time,
cei doi copii	the two children
stăteau treji	sat awake
în așternut,	in the sheet(s)
că din pricina foamei	that because (of) hunger
nu putuseră să închidă un ochi.	had not been able to close an eye.
Și așa se făcu de auziră tot ce spuse	And so themselves did heard all what said
zgripțuroaica de femeie către tatăl lor.	(the) crone of (a) woman to their father.
La un moment dat,	At that moment,
Gretel începu să plângă cu lacrimi amare	Gretel began to cry with bitter tears
și-i spuse lui Hansel printre sughițuri:	and him told Hansel through hiccups:
- De-acu s-a sfârșit cu noi!	- From now it has ended with us / we're doomed
- Liniștește-te, Gretel, și nu mai fi mâhnită,	- Compose yourself Gretel, and not (any)more be sad,
o să găsesc eu o scăpare!	it because I will find an escape!
îi zise cu blândețe frățiorul.	him said with gentleness the brother.
După ce bătrânii adormiră,	After what the old people / the parents fell asleep,
Hansel se sculă,	Hansel himself got up,
își puse hăinuța pe el	himself put (a) coat on he
și, deschizând ușa, se strecură afară.	and, opening the door, himself slipped outside.
Luna lumina că ziua	(The) moon shone that day
și pietricelele albe,	and whites pebbles,
din fața căscioarei, străluceau	in front of the little house shone
că bănuții cei noi.	for that (are) new pennies.
Hansel	Hansel

52

se	apleca	de	mai	multe	ori	până	ce-şi	umplu	bine
himself	bend over	of	more	many	or	until	that-itself	filled	well

buzunarul	cu	pietricele.	Apoi	se-ntoarse	în	casă	şi-i
the pocket	with	pebbles	Then	himself-turned	in the	house	and he

şopti	lui	Gretel:
whispered	his	Gretel

- Fii	liniştită,	draga	mea	surioară,	şi	dormi	în	pace!	Apoi
- Be	calm	dear	my	sister	and	sleep	in	peace	Then

se	culcă	din	nou	în	patul	lui	şi	adormi.
himself turned himself in	laid	from	new again	in	the bed	his	and	slept

Zgripţuroaica	de	femeie	nici	nu	aşteptă	să	răsară
The crone	of	(a) woman	neither	not	waited	that	grow rose

soarele	că	se	şi	înfiinţă	la	patul	copiilor,
(the) sun	that	itself	and	presented (herself)	at	the bed	children-their

să-i	trezească.
to them	arouse

- Ia	sculaţi-vă,	leneşilor,	că	mergem	la	pădure	să
- Well	get up	idlers	because	we go	at to the forest	forest	to

aducem	lemne!
bring	wood

Apoi	dădu	fiecăruia	câte	un	codru	de	pâine	şi	mârâi
Then	(she) gave	each	one	a	wood loaf	of	bread	and	growled

printre	dinţi:
through	(the) teeth

- Asta	aveţi	de	mâncare	pentru	la	prânz!	De	vă
- This	you have	of	food	for	at	lunch	Of If	to yourself

îmboldeşte	foamea,	nu	cumva	să	mâncaţi	înainte,	că
compels	the hunger	not	somehow	that	eat	before	because

altceva	nu	mai	căpătaţi!
something else	not	(any)more	obtain of
		you won't get	

Gretel	lua	toată	pâinea	şi-o	ascunse	sub	şort,
Gretel	took	all	the bread	and it	hid	under the	apron

din	pricină	că	buzunarele	lui	Hansel	erau	pline	cu
from	cause	that	the pockets	his	(of) Hansel	(they) were	full	with
	because							

pietricele.	Apoi	porniră	cu	toţii	spre	pădure.	După
pebbles	Then	(they) walked	with	all	to	(the) forest	After

puţin	timp,	Hansel	se	opri	şi	îşi	aruncă
(a) little bit	time	Hansel	himself	stopped	and	himself	threw

privirea	înapoi,	spre	căscioara	ce	rămăsese	în	urmă.	Asta
(a) look	back	to	(the) hut	what	remained	in	rear	This

o	făcu	o	dată,	apoi	iarăşi,	şi	iarăşi...	Şi	dacă-l	văzu
he	did	a one	time	then	again	and	again	And	if-it when it	saw

taică-său,	numai	ce-i	zice:
father-his his father	no more only	what this	said

- Da'	ce	ai,	Hansel,	că	te	opreşti	mereu	şi
- Well	what	have (you)	Hansel	that	yourself	(you) stop	always	and

te	tot	uiţi	înapoi?	Vezi	mai	bine	cum	mergi,	să
yourself	all	look	back	See	more	good better	how where	go you go	to so that

nu-ţi	schilodeşti	cumva	picioarele!
not-you you don't	cripple yourself	perhaps	(the) legs

- Știi,   tăicuțule,   mă   uitam   după   pisicuța   mea   albă...
- Know   little father   me   (I) watch after (the) kitten   my   white
                                                                of mine

Stă,   a   naibii,   cocoțată   pe   acoperiș,   și-mi   face   semne
Stands   it   stupid   perched   ~~on~~ roof   and me   makes   signs
         there

de   rămas   bun.
of   remaining good

Dar   vezi   că   femeia   i-o   taie   pe   dată:
But   see   that the woman   her it cut   on   time

- Prostănaculе,   nu-i   nici   o   pisicuță!   E   soarele   de
- Simpleton   not it   neither   a   kitten   (It) is (the) sun   of

dimineață,   care   strălucește   pe   horn.
(the) morning   which   shines   on   (the) chimney

Acu   e   timpul   să   vă   spun   că   Hansel   nu   se   uitase
Now   (it) is   time   to   then   say   that   Hansel   not   himself   lost

după   nici   o   pisicuță   și   că   de   fiecare   dată   când   se
after   neither   a   kitten   and   that   of   every   time   when   himself
                                                   at

    oprea,   scotea   din   buzunar   câte   o   pietricică   și-o   lăsa
    (he) stopped   snatched   from   (his) pocket   by   one   pebble   and it   left
                                                       just

să   cadă   pe   cărare.
to   fall   on   (the) path

După	o	bucată	de	vreme,	ajunseră	la	locurile	unde
After	a	bit	of	time	(they) arrived	at	(the) location	where

pădurea	se	îndesea	și	cam	pe	la	mijlocul	ei
the forest	itself	thickened	and	about	~~on~~	at	the middle	them

omul	nostru	se	opri	și	zise:
the man	our	~~himself~~	stopped	and	said
	our man				

-	Acu,	copii,	mergeți	după	vreascuri,	c-o	să	vă
-	Now	children	go	after	brushwood	that it	to	yourselves

facă	tata	un	focșor	pe	cinste,	să	nu	vă	fie	frig
make	daddy	a	little fire	~~on~~	honor	to	not	yourself	be	cold
				as a favor						

deloc!
not at all

Hansel	și	Gretel	aduseră	vreascuri	cât	aduseră,	până
Hansel	and	Gretel	brought	brushwood	how much	brought	until
					as much as they could		

ce	se	făcu	o	moviliță	bună.	Lemnele	luară	foc
that	itself	made	a	mound	good	(The) woods	they took	fire
		there was		large mound		The wood		

pe	dată	și,	când	vâlvătaia	începu	să	crească,	femeia
~~on~~	time	and	when	blaze	began	to	grow	the woman
right away								

grăi:
spoke

-	Stați	lângă	foc,	copii,	și	odihniți-vă,	că	noi
-	Stay	by	(the) fire	children	and	rest yourselves	that	we
							because	

ne	ducem	mai	încolo,	în	pădure,	să	tăiem	lemne.
ourselves	take	more	away	in the	forest	to	cut	wood
	go		farther					

Şi	când	om	termina	cu	tăiatul,	ne	întoarcem	aici	şi
And	when	man	finish	with	the cutting	~~us~~	(we) return	here	and

vă	luăm	acasă.
yourselves	we take	home
you	we will take	

Hansel	şi	Gretel	se	aşezară	lângă	foc	şi	când
Hansel	and	Gretel	themselves	sat	by	(the) fire	and	when

se	făcu	ora	prânzului,	fiecare	îşi	mâncă
itself	made	(the) hour	(of) noon	each	themselves	ate

bucătura	de	pâine.	Şi	cum	auzeau	tot	mereu	răsunând
(a) mouthful	of	bread	And	as	they heard	all	continually	resounding

lovituri	de	topor,	erau	încredinţaţi	că	tatăl	lor	trebuie
strikes	of	axe	they were	assured	that	father	their	must

să	fie	ceva	mai	încolo,	nu	prea	departe.	Dar	vezi	că
to	be	somewhat	more	away	not	much	far away	But	see	that
			farther up							

loviturile	nu	erau	de	topor!
(the) strikes	not	(they) were	of	(an) axe

Omul	nostru	legase	o	creangă	de-un	copac	cioturos,	şi
The man	our	bound	a	branch	of a	tree	knobby	and
Our man								

de	câte	ori	bătea	vântul,	o	izbea	încolo	şi-ncoace	de
~~of~~	each	time	beat	the wind	it	pounded	away	and forth	from

uscătura	aceea.	După	ce	aşteptară	să	vină	să-i
brushwood	that	After	what	(they) waited	that	(they) come	to them
that brushwood							

ia,	vreme	lungă,	căzură	toropiţi	de	oboseală	şi	adormiră
take	time	long	(they) fell	enervated	of	fatigue	and	fell asleep
	a long time							

buştean.
like a log

Când	s-au	trezit,	era	noapte	întunecoasă,
When	themselves-they had they woke up	woken up	it was	night	dark

de	nu	vedeai	la	doi	paşi.	Gretel	începu	să	plângă	şi
of	not that you couldn't see	you saw	at	two	steps	Gretel	began	to	cry	and

printre	suspine	îşi	întrebă	frăţiorul:
through	sighs	herself	asked	the brother

- Cum o să ieşim din pădure?
- How it will we get out to get out from (the) forest

Şi	Hansel	se	grăbi	s-o	liniştească,	spunându-i:
And	Hansel	himself	hurried	to her	reassure	telling her

- Mai ai răbdare oleacă, până ce răsare luna şi
- More Have more have patience slightly a little bit until that rises (the) moon and

atunci	o să	găsim	noi	drumul,	n-avea	grijă!
then	it will	find	we	the road	not have	worry

Răsări	luna	plină,	de	ziceai	că	poleieşte	cu	aur
Rose	(the) month	full	of	you said you would have said	that	gilded	with	gold

pădurea,	şi	de-ndată	ce	se	arătă	pe	cer,	Hansel
the forest	and	immediately	what	itself	showed	on in	(the) sky	hansel

îşi	luă	surioara	de	mână	şi	începu	a	păşi	pe
himself	took	sister	by	(the) hand	and	began	have	steps to walk	on

urma	pietricelelor,	care	scânteiau	ca	bănuţii	cei
the trail	of the little pebbles	which	sparkled	as	pennies these pennies	these

de	curând	bătuţi	şi	le	arătau	drumul.	Merseră	ei	aşa
of	recently just minted	beaten	and	they	looked	the road	Went	they	so

toată	noaptea	şi	când	începură	a	miji	zorile,
all	the night	and	when	began	to	squint flicker	(the) dawn

ajunseră la casa părintească. Au bătut ei la uşă,	(they) arrived at (the) house (of the) parents. Have/Knocked beaten they at door
"cioc-cioc!," şi când femeia o deschise şi	knock knock and when woman it opened and
dădu cu ochii de Hansel şi Gretel, pe dată se	gave with the eyes of Hansel and Gretel, on/(the) moment herself (set her eyes on)
arătă a fi fost foarte îngrijorată de soarta lor,	showed has be been very worried of fate their (to have been)
zicându-le cu prefăcătorie:	saying to them with hypocrisy
- Copii răi ce sunteţi, de ce aţi dormit în pădure	- Children bad that you are, of what you sleep in the forest (Naughty children) (what for) (did you sleep)
atâta vreme? Ne-aţi făcut să credem că nu mai	so much time. Us-you have made to think that not (any)more (You have caused us)
vreţi să vă mai întoarceţi la casa voastră...	you want to yourselves (any)more return at house yours
Dar vezi că tatăl copiilor se bucura cu adevărat,	But see that father the children himself became glad with truth (But when the father saw)
că-n inima lui era mâhnit că-i lăsase atât de	as in (the) heart his he was sorry that them left so by
singuri.	themselves

Nu	trecu	multă	vreme	şi	nevoile	începură	iarăşi	să-i
Not	passed	much	time	and	needs	began	again	to them

încolţească.	Şi	numai	ce-o	auziră	copiii	într-o	noapte pe
sprout	And	no more	what a	heard	the kids	in a / on one	night on

femeie	zicându-i	lui	bărbatu-su,	care	se	perpelea
(the) woman	saying it	him	(the) husband her	which	himself	roasting / was torturing

în	așternut:
in the	sheet

-	De-acu	am	terminat	iarăși	merindele,	că	nu	mai
-	From now	I have	finished	again	victuals / with the food	that	not	(any)more

avem	în	casă	decât	o	jumătate	de	pâine!	Și	după
we have	in the	house	than	a	half (loaf)	of	bread	And	after

ce-om	mânca-o	și	pe	asta,	ne-om	sătura	cu
that we might	eat it	and	on	this	ourselves might	saturate feed	with

răbdări	prăjite...	Trebuie	să	ne	descotorosim	de	copii,
patience / roasted patience	roasted	Need / We need	to	us	get rid	of	(the) children

auzi	tu!	O	să-i	ducem	în	afundul	pădurii,	ca	să	nu
hear	you	You	to them	take	in	the depth	of the woods	as so	that	not

mai	poată	nimeri	drumul	de-or	voi	să	se
(any)more	they can	find	the road	if they	will	that	themselves

reîntoarcă	acasă.	Altă	scăpare	nu	vad,	de	ni-e	drag
return	home	Another	escape	not	I'm seeing	of	us is	dear

să	ne	mai	putem	ține	zilele.
that	us	more	we can	keep	the days

Vezi	însă	că	omului	i	se	încrâncena	inima	la
You see	however	that	man / of that man	also	himself	shuddered	the heart	at

auzul	ăstor	cuvinte	și	gândea	în	sinea	sa:	"Ba,	mai	bine
hearing	those	words	and	thought	in	inside / by himself	his	Nay	more	good

s-ar	cuveni	să	împarți	cu	copiii	tăi	ultima	bucățică!"
itself had / it would be better	to convene	to	share	with	the kids	your	last	bit

60

Mai	zicea	el	ce	mai	zicea,	dar	femeia	nu	luă
More	said	he	what	more	said	but	the woman	not	took
	He could say		whatever		he could say				

deloc	în	seamă	spusele	lui,	ci-l	tot	ocărî	şi-l
not at all	in	account	sayings	his	but him	all	reviled	and him
			his words					

mustră.	Acu,	e	ştiut,	cine	a	apucat	de-a	spus	"A"
rebuked	Now	(it) is	known	who	it	started	of to have	said	A

trebuie	să-l	rostească	şi	pe	"B"	şi...	dacă	şi-a
must	that him	say	also	on	B	and	if	oneself have

călcat	pe	inimă	prima	oară,	musai	trebuie	şi	a
tread	on the	heart	(a) first	time	must be {German: muss sein}	must	also	the

doua	oară	să	facă	la	fel.
second	time	to	make to do	at	kind the same

Copiii	erau	însă	treji	şi	auziră	toată	vorba	lor.
The kids	(they) were	however	awake	and	heard	all	words	their
							their words	

După	ce	bătrânii	adormiră,	Hansel	se	sculă	din
After	that	the old the parents	fell asleep	Hansel	himself	got up	from

pat	şi	vru	să	iasă	afară,	să	adune	pietricele,	cum
(the) bed	and	wanted	to	get out	outside	to	gather	pebbles	as

făcuse	şi	de	prima	dată,	dar	vezi	că	femeia	avusese
(he) did	also	of	(the) first	time	but	see	that	the woman	had

grijă	să	încuie	uşa,	aşa	că	băiatului	nu-i	fu	chip
(taken) care	to	lock	the door	so	that	the boy	not he	was	way

să	poată	ieşi	din	casă.	Şi	deşi	îi	era	inima
to	be able	to go out	from	(the) house	And	although	to him	was	heart

grea,	îşi	mângâie	surioara,	spunându-i:
tough	himself	comforted	(his) little sister	telling her

- Nu plânge, Gretel, ci dormi liniștită. Om găsi noi cum să scăpăm cu bine...

Nici n-apucaseră bine să răsară zorile, că și veni femeia și-i trase pe copii din așternut. Apoi le întinse câte o bucățică de pâine, care era mult mai micușoară decât de cealaltă dată.

În timp ce mergeau ei pe poteca ce ducea spre pădure, Hansel începu a face fărâmituri în buzunar și din loc în loc se oprea să le presare pe jos.

- Ia ascultă, Hansel, îi strigă la un moment dat taică-său, ce te tot oprești mereu și privești în jur? Vezi-ți mai bine de drumul tău și mergi cum trebuie!

- Păi,	mă	uit	după	porumbița	mea,	care	stă
- Well	me	(I) look	after	(the) dove	(of) mine	which	stands

pe-acoperiș	și	vrea	să-mi	spună	la	revedere!	grăi	Hansel
on the roof	and	wants	to me	say	~~at~~	re-see / goodbye	spoke	Hansel

repede,	ca	nu	cumva	să	se	dea	în	vileag.
quick	that	not	maybe	to	it	give	in	exposed {see Hungarian világ; world}

- Prostănacule,	îl	luă	în	răspăr	femeia,	ceea ce
- Simpleton	him	took	in	against the grain / scolded	the woman	what it what / whatever

vezi	tu	nu-i	nici	o	porumbiță!	E	soarele	de
see	you	not is	not even	a	pigeon	(It) is	the sun	of

dimineață	care	strălucește	sus,	deasupra	hornului.
the morning	which	shines	up	on top	of the chimney

Dar	vezi	că	Hansel	nu	dădu	îndărăt	de	la	ce-și
But	see	that	Hansel	not	gave	back	of	at	what-himself

pusese	în	gând	și,	încetișor-încetișor,	împrăștie	pe
(he) had	in the	thought / mind	and	slowly-slowly	spread	on

drum	toate	fărâmiturile.
(the) road	all	the crumbs

Femeia	îi	duse	pe	copii	departe,	departe,	tot	mai	în
The woman	she	carried	on	children	far away	far away	all	more	in

afundul	pădurii,	unde	nu	mai	fuseseră	în	viața	lor.
the deep	forest	where	not	more ever	(they) had been	in	life	their / their life

Și-ntr-un	luminiș,	făcură	iarăși	un	foc	mare	și	mama
And into a	glade	they made	again	a	fire	big / big fire	and	mother

le	zise	cât	putu	ea	de	blând:
them	said	how	could	she	of	gentle
		as gentle as she could				

\- Rămâneţi aici, copilaşi, şi de v-a birui oboseala,
\- Stay here children and if you to overcomes fatigue

n-aveţi decât să puneţi capul jos şi să dormiţi
not-have you than to place the head down and to sleep

oleacă... Noi ne ducem în pădure, mai încolo, să tăiem
slightly We us take in (the) woods more away to cut
                                                                      farther

lemne şi seara, când om sfârşi lucrul, ne întoarcem
wood and in the evening when man end working us (we) return
                                              we

să vă luăm.
to yourselves take

Trecu ce trecu timpul şi când veni ora prânzului,
Passed what passed the time and when came the hour of the noon

Gretel lua bucăţica de pâine şi-o împărţi cu Hansel, că
Gretel took the morsel of bread and it shared with Hansel that

pe-a lui băiatul o presărase pe drum. Zburară
on it his the boy it sprinkled himself on (the) road Flew

ceasurile, se lăsă şi amurgul, dar vezi că nimeni nu
the hours itself left also the twilight but see that no one not

se arăta să-i ia pe bieţii copii. Şi cum
itself showed to them take on the poor children And as

adormiră greu, se treziră de-abia în toiul
(they) fell asleep deep themselves roused barely in the middle

nopţii. Dacă văzu ce se întâmplase, Hansel o
(of the) night When (he) saw what itself happened Hansel her

mângâie pe surioara lui şi-i zise:
caress on the little sister (of) his and her said

Să	rămânem	aici	până	ce-o	răsări	luna,	că	atunci
- To	stay	here	until	that it	rises	the moon	that	then

ne-o	fi	uşor	să	găsim	fărâmiturile	pe	care	le-am
to us it	be	easy	to	find	crumbs	~~on~~	which	them have

împrăştiat	pe	jos,	cât	am	mers.	Ele	or	să	ne	arate
scattered	~~on~~	down	as	have I was	walking	They	will	to	us	show

fără	greş	drumul	spre	casă,	asta-i	sigur!
without	failure	the road	to	(the) house	that's	sure

De	îndată	ce	se	înalţă	luna	deasupra	pădurii,	copiii
Of As	soon	what as	itself	rose	the moon	on top	of the forest	the kids

se	sculară	din	culcuşul	de	vreascuri,	dar	vezi	că
themselves	got up	from	the nest	of	brushwood	but	see	that

nu	mai	găsiră	nici	o	fărâmitură...	Mulţimea	de
not	(any)more	(they) found	not even	a	crumb	The crowd	of

păsărele	care	tot	zboară	peste	câmpuri	şi	prin	păduri
the birds	which	all	fly	over	fields	and	through	forests

de	mult	le	ciuguliseră	pe	toate.	Dar	Hansel	avea	o
of	lot	they	pecked	on up	all	But	Hansel	had	a

inimă	vitează	şi-i	spuse	lui	Gretel:
heart	brave	and her	said	to his	Gretel

- N-ai	teamă,	surioară,	până	la	urma	tot	o să	găsim
- Not have Have no	fear	little sister	until	at	follow	all eventually	it to we will	find

drumul!
the road

Dar	vezi	că	nu	fu	chip	să-l	găsească...	Merseră
But	see	that	not	(there) was	(a) likeness	to it of it	to find	(They) went

toată	noaptea	şi	mai	merseră	încă	o	zi,	din	zori	şi
all	the night	and	more	(they) went	yet	a	day	from	daybreak	and

până-n	seară,	dar	de	izbutit	tot	nu	izbutiră	să
until ~~not~~	in the evening	but	of	successful successfully	all	not	(they) succeeded	to

iasă	din	pădure.	Şi	erau	prăpădiţi	de	foame	ca
get out	from	(the) woods	And	(they) were	miserable	from	hunger	as

vai	de	ei,	că	afară	de	câteva	boabe	de	fructe	sălbatice,
woe	of to	them	that	outside	of	some	berries	of	fruits	wild

culese	de	pe	jos,	nimic	nu	mai	luaseră-n	gură.
collected	of	on	down the ground	nothing	not	more	had taken-in	the mouth

De	trudiţi	ce	erau,	sărmanii	copii	abia	îşi
Of	weary As weary as	what	(they) were	the poor	children	barely	themselves

mai	trăgeau	picioarele,	şi	aşa	se	făcu	că	nu	mai
(any)more	were pulling	the legs	and	so	itself	did it became	that	not	more

putură	merge	şi,	ghemuindu-se	sub	un	copac,
(they) could	go	and	crouching themselves	under	a	tree

adormiră	buştean.
(they) fell asleep	like a log

Şi	se	ivi	a	treia	dimineaţă	de	când	copiii	părăsiseră
And	itself	rose	the	third	morning	of	when	the kids	had left

casa	părintească.	O	luară	ei	la	picior,	de	cum	răsări
the house	parental	It	took They set off	they	at	foot on foot	of	how as soon as	rose

soarele,	dar	cu	cât	mergeau,	cu	atât	se
the sun	but	with	how	(they were) going	with	so much	themselves

afundau	mai	adânc	în	pădure.	De	nu	le	venea
(they) sank	more	deep	in the	forest	Of	not	(for) them	came
					If not			

cât	mai	degrabă	un	ajutor,	se	aflau	în	primejdie	de
how	more	soon	a	help	themselves	were	in	danger	of
	asap								

moarte.
death

Când	se	făcu	ora	prânzului,	numai	ce	văzură	pe-o
When	itself	made	the hour	of the noon	no more	what	they saw	on a
					just then			

cracă	o	păsărică	albă	şi	frumoasă,	care	cânta	atât	de
bough	a	small bird	white	and	beautiful	which	sang	so much	of

duios,	că	se	oprirä	vrăjiţi	s-o	asculte.
endearing	that	themselves	(they) stopped	spellbound	and it	listened to

După	ce-şi	sfârşi	cantul,	păsărica	îşi	întinse	aripile
After	that-itself	ended	the song	the small bird	itself	stretched	the wings

şi	zbură,	"zvâââârrrr!"	pe	dinaintea	copiilor.	Dacă	văzură
and	flew	whoosh	on	before	the children	If	they saw
				ahead of			

ei	asta,	începură	a	se	lua	după	ea	până	când
her	stop	(they) began	to	themselves	take	after	her	until	when

se	făcu	de	ajunseră	la	o	căsuţă.	Cât	ai	clipi,	păsărica
itself	did	of	reached	at	a	cottage	How	you	blink	the small bird
	they had						_In a flash_			

se	lăsă	pe	acoperiş	şi	când	veniră	mai	aproape	de
itself	left set	on	(the) roof	and	when	came	more	close	of

căsuţă,	copiii	rămaseră	cu	gurile	căscate.	Păsămite,
(the) cottage	the kids	remained	with	mouths	gaping	Apparently

toată căscioara era făcută din pâine și acoperită cu cozonac, iar geamurile erau din zahăr curat.

- Hai să-ncepem să îmbucăm! zise Hansel. Și să ne fie de bine! Eu o să mănânc o bucată din acoperiș, iar tu, Gretel, ia de gustă din fereastra asta, că e tare dulce!

Hansel n-aștepta să fie rugat și, înălțându-se pe vârfurile picioarelor, rupse o bucățică din acoperiș, să-și dea seama ce gust are. În acest timp, Gretel ronțăia de zor o spărtură de geam. Și numai ce se auzi deodată o voce subțirică, ce venea dinăuntrul căsuței:

- Cronț, cronț, cronț, da ce tot ronțăie a mea căscioară?! Cine, cine e afară?

Și	copiii	răspunseră	pe	dată:
And	the kids	responded	on	time
			right away	

- Vântul, vântul! Azi înconjură pământul!
- The wind, the wind Today surrounds the earth

Și, fără să se sinchisească defel, continuară să
And free to themselves being bothered at all continued to
from

mănânce și mai cu poftă. Cum îi plăcuse
eat and more with appetite How him pleased
As

grozav acoperișul, Hansel mai rupse din el o bucată
great the roof Hansel more broke from it a piece
the scrumptious roof again

bună, iar Gretel nu se lăsă nici ea mai prejos și,
good and Gretel not herself let neither her more outdone and

desprinzând un ochete de geam, se așeză jos și
unclamping a eyelet of window herself sat down and
shard

începu a-l ronțăi cu poftă.
began to it munch with appetite

Și când nici nu se așteptau, odată se deschise
And when neither not it expected once itself opened
suddenly

ușa și-o femeie bătrână de tot, ce se sprijinea
the door and-a woman old of all what herself supported
and an old woman

într-o cârjă, ieși din casă, târșindu-și picioarele.
into a crutch went out from (the) house shuffling herself the legs
onto a

La vederea ei, Hansel și Gretel se speriară
At the sight of her Hansel and Gretel themselves scared

atât de tare, că scăpară tot ce aveau în mână.
so of heavy that escaped all what (they) had in the hand
so badly they dropped

Dar	vezi	că	bătrâna	nu-i	lua la rost,	ci	începu	a-i
But	see	that	old	not	took at order / was angry	but	began	from them

întreba,	clătinând	uşurel	din	cap:
to ask	shaking	gently	in	head / with her head

- Ei,	copiii	mei	dragi,	da	cine	v-a	adus	aci?	Poftiţi
- Well	the kids	my	dear / my dear kids	yes	who	you to	brought	here	Here you go

de	intraţi	înăuntru	şi	rămâneţi	la	mine,	că	nu	vă
of	enter	inside	and	stay	at	me / my place	that	not	yourself

fac	nici	un	rău.
do	neither	a	wrong

Şi	luându-i	pe	amândoi	de	mână,	îi	duse	în
And	taking them	~~on~~	both	of / by	hand	them	carried / brought	in the

căsuţă.	Iar	acolo	îi	aştepta	o	mâncare,	să-ţi	lingi
cottage	And	there	them	awaited	a	food	to-yourself	lick

degetele,	nu	alta:	lapte	şi	clătite	cu	zahăr,	mere	şi-o
the fingers	not	other	milk	and	pancakes	with	sugar	apples	and a

mulţime	de	nuci!	După	ce	se	ospătară	ei	bine,
multitude	of	nuts	After	that	themselves	feasted	they	good

bătrâna	le	pregăti	două	paturi	cu	aşternutul	cum
the old (woman)	them	prepared	two	beds	with	blankets	like

îi	zăpada	şi	Hansel	şi	Gretel	se	culcară	fără
the	the snow	and	Hansel	and	Gretel	themselves	went to bed	without

nici	o	grijă	şi	se	simţiră	în	al nouălea	cer.
neither	a	care	and	themselves	felt	inside	of the ninth	heaven

Bătrâna	se	arătase	prietenoasă	ca	să	le	câştige
The old (woman)	herself	had shown	friendly	as	to of	them	win

încrederea,	dar	vezi	că	era	o	vrăjitoare	haină,	care
the trust	but	see	that	it was	a	witch	wicked	which
						wicked witch		who

pândea	copiii	ca	să-i	atragă	cu	şosele	şi	momele.	Şi
watched	the kids	as	to them	draw	with	roads	and	baits	And

numai	de	aceea	făcuse	şi	căsuţa	de	pâine,	să-i
no more	of	that	(she) had	also	the cottage	of	bread	to them
	only that's why							

ademenească	mai	uşor.
lure	more	easy

De-i	cădea	vreunul	în	gheare,	îndată	îi	făcea	de
Of them	fall	anyone	in	the claws	soon	them	was	of

petrecanie	şi,	după	ce-l	fierbea,	îl	înghiţea	cu
rubbed out killed	and	after	that them	had boiled	them	swallowed	with

lăcomie.	Ziua	când	se	bucura	de	un	astfel	de
greed	The day	when	herself	(she) enjoyed	of	a	that kind	of

ospăţ	o	socotea	ca	pe-o	zi	de	sărbătoare	şi	cum	de
feast	she	considered	as	on-a a	day	of	celebration	and	how	of

n-ar	fi	fost	aşa	pentru	ea!
not would	be	been	so	for	her

Vrăjitoarele	au	ochii	roşii	şi	vederea	scurtă,	dar	vezi
Witches	have	the eyes	red	and	view	short	but	see
					are short sighted			

că	adulmecă	de	departe,	ca	jivinele,	când	se	apropie
that	(they) smell	from	far away	like	the beasts	when	itself	approaches

picior	de	om.	Şi	la	fel	de	bine	adulmeca	şi
by foot	of	man	And	at that	kind	of	good	smell	also

cotoroanţa asta. De cum i-a simţit pe Hansel şi Gretel
hag this Of how she has felt ~~on~~ Hansel and Gretel
this hag had / That's how

că se apropie de acele locuri, a şi început a
to themselves approach of those locations has also started to
to that location

hohoti cu răutate şi-n vorbele ei era numai batjocură:
roar with malice and the words of her were no more mockery
not just a joke

- Pe ăştia îi şi am în mână, nu-i las eu să-mi
- On these them also (I) have in (the) hand not them let I to me

scape...
escape

De cum se iviră zorile, vrăjitoarea fu în picioare, ca
Of how itself emerged dawn the witch was in feet as
So when on her feet

nu cumva să se trezească mai înainte copiii. Şi când
not perhaps to herself arouse more before the kids And when

îi văzu ea pe amândoi cât de drăgălaş dorm
them saw she ~~on~~ both how of lovely (they were) sleeping

împreună şi cât de rumen şi rotofei le e obrazul,
together and how of ruddy and plump (of) them is the cheek

nu mai putu de bucurie şi începu a mormăi
not (any)more (she) could of joy and began to mumble

mai mult pentru sine: "Straşnică bucătură o să am,
more much for herself Terrific mouthful it to have
more I'm going to

n-am ce zice!"
not have what to say

72

Apoi	apucându-l	pe	Hansel	cu	mâna	ei	sfrijită,	îl
Then	grasping him	~~on~~	Hansel	with	the hand	of her	skinny	him

împinse	până	la	un	grăjduleţ	cu	gratii	de	fier	şi-l
pushed	until	at	a	shed	with	bars	of	iron	and him

închise	acolo.	Şi	era	zăvorât	aşa	de	straşnic,	că
locked in	there	And	(it) was	locked	so	of	excellent	that

oricât	ar	fi	strigat	şi	s-ar	fi	zbătut,	nu	i-ar
however	would	be	cry	and	himself-would	be	struggled	not	it would
		he would cry			he would struggle				

fi	folosit	la	nimic.
be	used useful	at for	nothing

După	ce-l	puse	la	popreala	pe	Hansel,	babuşca
After	what it	available	at	popreala	~~on~~	hansel	the grandmother

intră	în	camera	unde	dormea	Gretel	şi,	zgâlţâind-o	ca
entered	in	the room	where	was sleeping	Gretel	and	shaking her	as

s-o	trezească,	începu	a	o	ocărî	şi	a-i	striga:
herself to	arouse	began	to	her	scold	and	to her	shout

- Scoală,	leneşo,	şi	du-te	de	adu	apă,	să-i	faci	o
- Wake up	lazy thing	and	give yourself	of	to get	water	for him	make	a

fiertură	bună	lui	frate-tău,	că	l-am	închis	în
broth	well	to him	brother-yours	as	him (I) have	closed	in

grajd	şi	trebuie	să-l	îngrăşăm!	Acu	e
(the) shed	and	it is necessary	to him	fatten	Now	(he) is

numai	piele	şi	os,	dar	când	s-o	mai	împlini	-
no more (than)	skin	and	bone	but	when	myself him	more	fill up	-

o	să-l	mănânc!
it	to him	eat
then I will him		

Gretel,	începu	a	plânge	cu	lacrimi	amare,	dar	vezi	că
Gretel	began	to	cry	with	tears	bitter	but	see	that

lacrimile	ei	nu-i	muiară	inima	cotoroanței	și,
tears	they	not her	softened {înmuiară}	the heart	of the witch	and

până la urmă,	trebui	să	se	supună	și	să	facă	tot
until at follow / eventually	(she) had	to	herself	submit	and	to	do	all

ce-i	poruncea	vrăjitoarea	cea	haină.	Și-n	timp	ce	lui
that her	commanded	the witch	that	cruel	And in	time	what	his

Hansel	i	se	aducea	cea	mai bună	mâncare,	ca	să	se
hansel	and	it	brought	the	more good / better	food	as	to	himself

îngrașe,	Gretel	abia	de	căpăta	de	la	babușcă	niște
fatten	Gretel	only	of	took on / acquiring	from	at	grandmother	some

coji de raci.
shells of crab
(crab shells)

În fiecare dimineață,	babușca	se	strecura	șontăcăind
In every morning / Every morning	the grandmother / the old woman	herself	sneaked	limping

până la	grajd	și	încă	din	prag	se	apuca	să
until at / of	(the) shed	and	already	from	(the) threshold	herself	started	to

strige:
shout

- Hansel,	ia	scoate	un	deget	afară,	să	vad	de	te-ai
- Hansel	take	out	a	finger	outside	to / so that	(I) see	of / if	you-have

îngrășat de ajuns!
fattened ~~of~~ enough

Dar	vezi	că	ghiujul	de	Hansel	îi	trecea	printre	gratii
But	see	that	gaffer	of	(a) Hansel	her	passed	through	the bars

un	oscior,	şi	cum	babuşca	avea	ochii	tulburi	şi
a	bone	and	as	the grandmother	had	the eyes	troubled	and

vedea	că	prin	sită,	era	încredinţată	că-i	întinde
saw	as	through	(a) sieve	(she) was	entrusted / she believed	that he	stretch stuck out

un	deget.	Şi	de	fiecare	dată	se	tot	minuna	cotoroanţa
a	finger	And	of	every	time	itself	all	wondered	the hag

cum	de	nu	se	mai	îngraşă.
how	of	not	(he) itself	more	fattened

Trecură	aşa	zilele	şi	văzând	că	după	a	patra
Passed	so	the days	and	seeing	that	after	the	fourth

săptămână,	Hansel	rămăsese	la	fel	de	ogârjit	ca	şi
week	Hansel	remained	at as	kind	of	skinny	as	also

înainte,	îşi	pierdu	răbdarea	şi	nu	mai	vru	să
before	herself	lost	her patience	and	not	more	wanted	to

aştepte.
wait

-	Hei,	Gretel,	o	strigă	ea	pe	fetiţă,	grăbeşte-te	de
-	Hey	Gretel	it	shouted	she	on to	(the) little girl	hurry up yourself	of

adu	apă,	că	de-i	curge	untura	de	gras	ce	e,
get	the water	that	of him	flow	the lard	of	fat	that	(there) is

ori	de-i	slab	ca	un	ogar,	eu	pe	Hansel	îl	tai	şi-l
or	of him	weak	as	a	greyhound	I	~~on~~	Hansel	him	cut	and him

pun	la	fiert!
put	at	boiled / boiling

Vai,	cum	se	mai	boci	biata	surioară,	când	trebui
Well	how	herself	more	wailed	the poor	sister	when	was needed

să	care	apa	pentru	a	doua	zi,	şi	cum	îi	şiroiau
to	carry	the water	for	the	second	day	and	how	her	streamed

lacrimile	amare	pe	obraz!
the tears	bitter	on	cheek

-	Doamne,	ajută-ne!	strigă	ea	după	un	răstimp.
-	Lord	help us	shouted	she	after	a	time

De	s-ar	fi	întâmplat	să	ne	înghită	fiarele	sălbatice
Of	it would	be	happened	that	us	swallowed	the beasts	wild

If it were

ale	codrului,	am	fi	murit	măcar	împreună!
of	the woods	(I) have	be	died	at least	together

we would have

-	Ia	mai	sfârşeşte	odată	cu	bocitul,	se	răsti
-	Take	more	quit yourself	at once	with	the crying	herself	barked

cotoroanţa	la	fată,	că	doar	nu-ţi	ajută	la	nimic	toată
the hag	at	(the) girl	that	only	not you	(it) helps	at	nothing	all

văicăreala!
the whining

Nici	nu	se	luminase	încă	bine	de	ziuă,	când
Neither	not	itself	lit up	yet	well	of the	day	when

Not even had

începu	Gretel	roboteala.	Că	doar	trebuia	să	care	apă,
began	Gretel	to work	That	only	had	to	carry	the water

Gretel began — She just

să	atârne	cazanul	pentru	fiertură	în	cârligul	de	fiert	şi
to	hang	the cauldron	for	broth	in on	the hook	of	boiling	and

să	aprindă	focul.
to	light	the fire

76

-	Mai	întâi,	aş	vrea	să	punem	la	copt,	auzi	tu?
-	More	first	(I) would	like	to	put	at	baking	hear	you
	First off					start				

se	răsti	baba	la	Gretel.	Că	am	aprins
herself	barked	the old woman	at	Gretel	That	(I) have	lit

cuptorul	şi	aluatul	l-am	frământat	de	mult.
the oven	and	the dough	it have	kneaded	of	a lot

Nu-şi	sfârşi	bine	vorba,	că	vrăjitoarea	o	şi
Not itself	ended	good	the word	because	the witch	(to) her	also
			the conversation				

îmbrânci	pe	biata	Gretel	afară,	unde	era	cuptorul	din
shoved	on	poor	Gretel	outside	where	was	the oven	from

care	ieşeau	limbi	de	flăcări.
which	came out	tongues	of	fire

-	Hai,	bagă-te	înăuntru,	îi	porunci	vrăjitoarea	şi	vezi
-	Come on	put yourself	in	her	ordered	the witch	and	see

dacă-i	destul	de	încins,	ca	să	punem	înăuntru	pâinea!
if it is	enough	of	hot	as	to	(we) put	in	the bread
		hot enough						

Vezi	că	afurisita	de	cotoroanţă	nu	degeaba	o	îndemnă
See	that	darn	of	crone	not	in vain	her	urged

pe	fată	să	se	vâre	în	cuptor!	Că	de-ndată
on	(the) girl	that	herself	(she) poke	in the	oven	That	as soon as

	ce-ar	fi	fost	înăuntru,	vrăjitoarea	pac!	ar	fi
	that (she) would	be	been	inside	the witch	bang	would	be
		have						have

închis	cuptorul.	Şi-ar	fi	ţinut-o	acolo	până	ce	se
closed	the oven	Herself would	be	held her	there	until	that	herself
			have					

rumenea	bine.	Şi-apoi	ar	fi	mâncat-o...	Numai	că
roasted	well	And then	would	be	eaten her	No more	that
				have			than

Gretel	băgă	de	seamă	ce	gânduri	clocea	în	cap
Gretel	put	of	account	what	thoughts	hatched	in the	head
		understood						

vrăjitoarea	şi	se	prefăcu	că-i	nătângă	şi
of the witch	and	herself	pretended	she's	silly	and

neîndemânatică:
clumsy

-	Aş	intra,	dar	nu	ştiu	cum	să	fac...	Pe	unde	să
-	(I) would	get in	but	not	(I) know	how	to	do (it)	On	where	to
										Where	

intru?	Şi	cum	anume?
enter	And	how	exactly

-	Eşti	proastă	ca	o	gâscă!	o	ocărî	baba.	Păi...
-	You	are stupid	as	a	goose	her	cursed	the old woman	Well

nu-ţi	dă	prin	cap	pe	unde,	că-i	deschizătura
not you don't you	give	through	head	on	where where	it's	opening
		understood					

destul	de	mare?	Ia	te	uită,	şi	eu	as	putea	să
enough	of	big	Take	yourself	(a) look	and	I	would	be able	to
		is big enough								

încap	în	ea!	Şi,	şontâcăind,	se	apropie	de	cuptor
fit	in	her	And	limping	herself	approached	of	oven
								the oven

şi-şi	vâri	capul	în	el.
and herself	shoved	the head	in	it

Gretel	doar	asta	aştepta	şi-i	dădu	un	brânci
Gretel	only	this	awaited	and her	gave	a	push

zgripţuroaicei	de	se	duse	până-n	fundul	cuptorului.
to the old crone	of who	herself	carried	until in	the depth	of the oven

Apoi	închise	uşa	de	fier	şi	puse	zăvorul.	Văleu!
Then	(she) closed	the door	of	iron	and	put (on)	the latch	Oh

ce	mai	urlete	de	te	treceau	fiorii	răzbăteau
what	more ever	howls	of	you	(they) passed	(a) chill	echoed

dinăuntru!
inside

Dar	vezi	că	Gretel	fugi	de-acolo,	să	n-o	mai	audă,
But	see	that	Gretel	ran	from there	to	not it	(any)more	hear

şi	vrăjitoarea	cea	haină	pieri	ca	o	netrebnică,	arsă
and	the witch	that	horrible	perished	as	a	worthless being	burned

de	dogoare.	Şi	arse	până	ce	se	prefăcu	în	scrum.
of by	the blaze	And	burned	until	what that	itself	(she) turned	in	ash

Gretel	dădu	fuga	într-un	răsuflet	până	la	grajdul	unde	era
Gretel	took	flight	in a	breath flash	until	at	the shed	where	was

închis	Hansel	şi,	deschizându-l,	strigă	bucuroasă:
locked in	Hansel	and	opening it	shouted	happily

-	Am	scăpat,	Hansel,	am	scăpat,	frăţioare!	Vrăjitoarea
-	(I) have	escaped	Hansel	(I) have	escaped	brother	The witch

a	pierit!
has	perished

Dacă	auzi	ce-i	spune,	Hansel	sări	afară	din
When	(he) heard	what she	said	Hansel	jumped	outside	from

grajd	întocmai	cum	sare	pasărea	din	colivie,	când	i
(the) shed	exactly	as	jumps	the bird	from	the cage	when	also

se	deschide	uşiţa..	Şi	văzându-se	iarăşi	împreună,
itself	opens	the little door	And	seeing themselves	again	together

îşi	sărirà	de	gât	şi	se	sărutară	şi
each other	leaped	of around the	neck	and	each other	kissed	and

bucuria	le	râdea	în	ochi	și-n	inimă.	Și	de
joyful	they	laughed	in the	eyes	and in	(the) heart	And	from

voioși	ce	erau,	țopăiau	al	naibii,	ca	niște	iezi!
cheerfulness	what	(they) were	hopping	of	hell	as	any	kids
					like crazy			

Cum	nu	mai	aveau	de	ce	se	teme,	intrară
As	not	(any)more	(they) had	of	what	themselves	fear	(they) entered

în	căsuța	vrăjitoarei	și	acolo,	ce	să	vezi,	în	toate
in the	little house	of the witch	and	there	what	to	see	in	all

ungherele	erau	numai	sipete	pline	cu	mărgăritare	și
corners	(there) were	no more only	chests	full	with	pearls	and

nestemate!
gems

-	Ei,	astea	zic	și	eu	că-s	mai	bune	decât
-	Well	this	(I) say	and	I	it is	more	good	than
							better		

pietricelele	noastre!	făcu	Hansel	și-și	umplu	buzunarele
the pebbles	ours	made	hansel	and himself	filled	the pockets
our pebbles						

până	nu	mai	putu.
until	not	more	(he) could

Iar	Gretel	spuse	și	ea:
And	Gretel	said	also	she

-	Vreau	să	aduc	și	eu	acasă	o	mâna-două	din	ele!
-	Want	to	bring	also	I	home	a	hand or two	from	these

Și	alese	și	alese	până	ce-și	umplu	șorțulețul.
And	(she) selected	and	selected	until	that-herself	filled	the apron

- Acu, hai s-o tulim de-aici cât mai degrabă, hotărî
- Now let's also it (we) go from here how more quickly decide

Hansel, că mult mai uşoară mi-ar fi inima de-aş şti
Hansel that a lot more easy we would be the heart if would know
light

c-am ieşit din pădurea asta fermecată.
that (we) are out from the forest this enchanted
this enchanted forest

Merseră ei ce merseră, cale de câteva ceasuri şi
Went they what (they) went (by) way of some hours and

numai ce ajunseră la o apă mare.
no more what reached at a water big
then

- Ce ne facem, surioară, că nu putem trece? făcu
- What us (we) do little sister as not (we) can pass made

Hansel amărât. Nu văd peste apă nici un pod,
Hansel bitter Not (I) see over (the) water neither a bridge

nici măcar vreo punte cât de îngustă...
nor even some footbridge how of narrow
even the smallest

- De-ar trece vreun vaporaş, bine-ar fi! Dar
- Of would pass any boat good would be But
If would

prin locurile astea, slabă nădejde... zise Gretel cu
by locations these weak hope said gretel with
in this place little

mâhnire. Da uite, mai încolo văd o raţă albă înotând.
sorrow yYes look more away (I) see a duck white swimming

Poate că, de-aş ruga-o, ne-ar ajuta să ajungem pe
May be that if I ask her us would help to get on

malul celălalt...
the shore other
the other shore

81

Și	începu	a	striga:						
And	began	to	shout						

Rață,	rățișoară,
Duck	little duck

Ia-i	în	spate,	pe-aripioară,
Take us	in	the back	on-wing

Pe	Hansel	și	Gretel,
On	Hansel	and	Gretel

Că	nici	pod,	nici	punte	n-are
As	neither	bridge	nor	deck	not has there is

Apa	asta	mare!
The water	this	big

Se	apropie	rățișoara	și	Hansel	i	se	urcă	în
Himself	approached	the little duck	and	Hansel	also	himself	got on	in

spate.	Apoi	o	rugă	și	pe	surioara	lui	să	vină	lângă
the back	Then	he	prayed	also	on	the little sister	his	to	come	by

el,	dar	Gretel	rămase	pe	mal	și-i	zise:
him	but	Gretel	left	on	shore	and it	said

-	Cum	să	vin?	Nu	vezi	că	i-ar	fi	prea	greu
-	How	to	come	Not	see Don't you see	that	it would	be	much too	heavy

rățișoarei?	Mai	bine	să	ne	treacă	pe	rând.
on her wing	More	good Better	to	us	pass	on	row

Și	făptura	cea	bună	chiar	așa	și	făcu.
And	the creature / the girl	this / so	good / nice	just	like that	also	did

După	ce	trecură	cu bine	pe	celalalt	mal,	mai	merseră
After	that	(they) passed	with good / successfully	on	the other	shore	more	went

ei	ce	merseră	și,	de la o vreme,	pădurea	începu	să
they	what	(they) went	and	of at a time / after a while	the forest	began	to

li	se	pară	din ce în ce	mai cunoscută.	Și-ntr-un
them	itself	seem	from what in what / growing	more known / more familiar	And into an / And in

sfârșit,	numai	ce	zăriră	din	depărtare	casa
end / the end	no more / only	what	(they) saw	from	distance	the house

părintească.	Tii,	ce-o	mai	luară	atunci	la	goană
parental	(You) know	what it / whatever	more	took (off)	then	at	chase / in pursuit

de	le	sfârâiau	călcâiele,	nu	alta!
of	their	sizzling	heels	not	other / no one else

Trecură	pragul	casei	și,	dând năvală	în	odaie,
(They) passed	the threshold	of the house	and	giving invasion / rushing	in	the room

săriră	la	gâtul	tatălui	lor.	Era	și	timpul,	că,	de
leaped	at	the neck	of the father	their	Was	and	the time	that	from

când	își	părăsise	copiii	în	pădure,	bietul	om	nu
when	himself	left	the kids	in	(the) forest	the poor	man	not

mai	avusese	o	clipă	fericită.	Pe	femeie	însă	n-o
(any)more	had	a	moment	happy	~~On~~	the woman	however	not her

mai	găsiră	copiii	-	murise.
more	found	the kids	-	dead / (she died)

Gretel	îşi	deşertă	şorţuleţul	şi	începură	a	se
Gretel	herself	deserted emptied	the apron	and	began	it there	itself

rostogoli	prin	odaie	mărgăritarele	şi	nestematele,	de
to tumble	through	(the) room	pearls	and	gems	of

te	mirai	de	unde	mai	ies	atâtea.	În	acest	timp,
yourself	to wonder	of	where	ever	get out	so many	In	this	time

Hansel	scotea	şi	el	din	buzunar	câte	un	pumn	plin	de
Hansel	got out	also	he	from	(the) pocket	each	a	fist	full	of

pietre	preţioase	şi,	după	ce	le	aruncă	pe	podea,
stones	precious	and	after	what that	them	threw	on	(the) floor

apucă	să	arunce	alt	pumn,	până	ce-şi		goli
grabs	to	throw	(an)other	fist	until	what-themselves that themselves		clear cleared out

amândouă	buzunarele.
both	pockets

Şi	aşa	se	făcu	de-şi	luară	îndată	tălpăşiţa	de	la
And	so	itself	done	of-itself	took	soon	depart	from	at

casa	pădurarului	toate	grijile	şi	nevoile	care
the house	of the forester	all	the worries	and	the needs	which

stătuseră	până	atunci	pe	grumazul	omului	şi	al
had stood	until	then	on	the neck	of the man	and	of

copiilor	lui.
the children his children	his

Şi	trăiră	ei	împreună	numai	în	bucurie	şi	fericire.
And	lived	they	together	no more only	in	joy	and	happiness

Și-am	încălecat	pe-o	șa	și	v-am	spus	povestea
And (I) have	ridden	on it	that	and	you have	told	the story

așa!	Da	uite	că	mai	fuge	pe-aici	un	șoricel.	Și	cine
like that	Yes	look	that	more	flees	around here	a	mouse	And	who

l-a	prinde	l-a	văzut	norocul,	că	o	să-și	facă	din
it has	caught	it has	seen	the fortune	that	it	to itself	make	from

blana	lui	o	căciulă	mare	cât	roata	carului.
fur	his	a	fur cap	big	like	the wheel	(of a) carriage

Made in United States
North Haven, CT
17 February 2022